JN156253

熊本県立大学
国際シンポジウム

激動のアジア太平洋を生きる

―日韓・日米中関係の新展開―

五百旗頭 真 編
Iokibe Makoto

熊本日日新聞社

はじめに——二つのシンポジウムの誕生

五百旗頭《いおきべ》 真《まこと》（熊本県立大学理事長）

「防衛大学校長の仕事が終わったら、熊本へ来て手伝ってくれないか。」もし蒲島郁夫知事が、私を熊本県立大学へ招かなければ、このようなシンポジウムはなかったであろう。

「知の結集」が、第二任期を迎える知事の希いであった。世界的な識者を県立大学の顧問もしくは客員教授として20人ほど集める案も話題になった。集めるのはよいが、中身は何か。何をするのか。

「知の結集」により水準の高い国際シンポジウムを熊本で行い、それを熊本の人々に味わってもらうのがよいのではないか。そう思い決めつつあった、２０１４年８月、たまたま日韓フォーラムが福岡で開催されることになった。

日韓関係は史上最悪とさえ思われる状況にあった。これまでも何度かあった最悪と思われる時代にあって、１９９３年の創設以来、ねばり強く未来志向の関係改善に努めてきたのが日韓フォーラムである。サッカーワールドカップの日韓共催の提案が実現して、日韓関係に夜明けをもたらしたこともあった。韓国大統領の竹島訪問によって、日本国内の韓流ブームが腰を折られ、逆にヘイトスピーチが横行し、日韓首脳会議すら行われなくなった事態にあってこそ、日韓関係を最初の国際シンポのテーマにしたいと思った。最悪の事態に負けず、日韓のあるべき姿を語ることのできるスピーカーを両国から各2名、計4名に、来態をお願いした。全員の快諾を得て、第一部「アジア太平洋の変動と日韓関係」のシンポジウムが可能となった。

日本側の小此木《おこのぎ》政夫氏と若宮啓文《よしふみ》氏は日韓フォーラム創設以来の中心メンバーである。韓国側からは既成の大物ではなく、これからも中心的役割を果たすであろうやや若い世代の朴《パク》喆熙《チョルヒ》ソウル大学教授と張済国《チャンジェグク》釜山東西大学総長にお願いした。今後の末長いおつき合いを願ってのことである。

意図通り、否意図以上に4人の報告と討論で会場は盛り上がった。日韓両国民の相互理解の深まりによる関係改善というあるべき軌道が、熊本のシンポジウムにおいて鮮明に語られた。1年4カ月後の2015年12月、日韓両政府が慰安婦問題に対処する財団の設立で合意し、政治関係の前進に遅ればせながら一歩踏み出すことになった。改善を見た後から振り返れば、最悪の時にやっておいてよかったと思う。小此木・張両氏には、シンポジウム後1年半の進展を意義づける一文を寄せていただいた（「再考察」の項）。ただ一つ悲しいことは、若宮氏が2016年4月28日、北京で急逝されたことである。心よりの感謝をもって御冥福を祈りたい。

二つの隣国である韓国と中国は違ったタイプの国であり、日本にとって違った仕方でそれぞれに関係が難しい。超大国として台頭中の中国との関係は、とりわけ重く、長期にわたって難題であり続ける。韓国シンポジウムの成功にも励まされて、中国の台頭と日米中関係という最重要問題についてのシンポジウムをやりたいと思った。

そのテーマでやるとすれば、このお三方にという夢が私にあった。基調講演者には、アメリカ人であり、日本と中国の両国をほぼ同じ比重をもって深く知るハーバード大学のエズラ・ヴォーゲル教授、そして中国専門家として國分良成《こくぶんりょうせい》防衛大学校長、アメリカ政治外交の専門家として久保文明東大教授に対論を戦わせてもらいたいと思った。お三方とも快諾され、スケールの大きな英知の結集となる「中国の台頭とアジア太平洋秩序」シンポジウムが誕生した。

このシンポジウムの評価は高く、県立大学のホールでは収まらないほどの参加希望者と思われたので、熊本市中心部のホテル日航の一番大きな部屋をお借りした。その会場にあふれる約700名の聴衆がスピーカーと一体となって揺れた。

熊本県内で7割近いシェアを誇る熊本日日新聞が、二つのシンポジウムを共催し報道したことが、多くの関心層を会場に集めることになった。またもともと学者である蒲島知事は両シンポジウムの挨拶に立たれたのみならず、夜の懇親の場でもスピーカーたちと酒をくみ交わして旧交を暖められた。多くの共催者と参加者たちに謝意を表したい。

目次

◇激動のアジア太平洋を生きる

—日韓・日米中関係の新展開—

第一部　「アジア太平洋の変動と日韓関係」

熊本県立大学国際シンポジウム２０１４

第二部　「中国の台頭とアジア太平洋秩序」

熊本県立大学国際シンポジウム２０１５

＊肩書きは、本シンポジウム開催時点のものです。

第一部　アジア太平洋の変動と日韓関係

熊本県立大学国際シンポジウム２０１４

＊各講演者の所属・肩書きは、本シンポジウム開催時点のものです。
（開催日：２０１４年8月10日）

1　あいさつ

〈1〉古賀　実（熊本県立大学長）

熊本県立大学学長の古賀です。国際シンポジウムの開会に当たり、ごあいさつを申し上げます。

今回のシンポジウムは、本学の男女共学化、総合管理学部設立20周年の記念事業の一つとして開催いたしました。本学は、熊本女子専門学校として１９４７年に設立され、その後熊本女子大学、熊本県立大学として67年の歴史を積み重ねております。九州における公立の女子高等教育機関として長い実績を持ち、その役割は非常に重いと感じております。

これからの男女共同社会において、リーダー的な存在となり得る人材をつくりたいという発起から共学に踏み切り、１９９４年に熊本県立大学と改名。同時に総合社会科学系の『総合管理学部』を設立し、新たなスタートを切りました。それから20年の歴史を刻んできたわけです。

当初より「総合性への志向」「地域性の重視」「国際性の推進」を大学の理念に掲げてまいりました。また「地域に生き、世界に伸びる」ことを目標に挙げて教育に当たっております。本日の国際シンポジウムも、学生諸君の新たな世界を見る目を養うものと期待しています。

きのうまでの３日間、福岡市で日韓フォーラムが開催されていました。このフォーラムは日本、韓国の政治家や外交官、実業家、有識者の方々の参加の下で、両国の関係を検証するとともに、今後の発展に向けて提言する高度な審議機関であり、１９９３年から始めて22回を数えます。日韓両国でのサッカーワールドカップ共催をはじめ、日韓関係について極めて大事な提言なども、数々なされています。

著名な方々が福岡までおいでになっていて、本学の理事長である五百旗頭先生もその主要なメンバーであるため、ぜひ熊本で会議の延長戦をやっていただこうと、本日のシンポジウムの運びとなりました。

蒲島県知事からも「大学が率先してこういった機会をつくってください」とご支援を頂き、この後にごあいさつをお願いしております。

台風で開催を危ぶむ声もありましたが、私が心配だったのは、福岡での議論があまりにも白熱して滞留されるのではないか、あるいは、うまく話がまとまらず、そのまま韓国にお帰りになるのではないかということでした。両国の関係改善に向けて『共同声明』を提言されたと聞き、安心いたしました。

本日は、これからの日韓関係、あるいは日中関係も含まれると思いますが、東アジア全域を通じたつながりをどう展開していくのか、皆さんと一緒に考えていく時間にしたいと考えております。よろしくお願いいたします。

〈2〉蒲島 郁夫（熊本県知事）

本日は熊本県立大学の国際シンポジウムに多数ご来場いただき、誠にありがとうございます。現在の日韓関係は、かなり難しい時期にあります。このシンポジウムは、タイムリーに開催されたと言うべきです。

私自身は、日韓関係を考えるときに四つのディメンションがあると考えています。まず「国家対国家」、二番目が「人と人」、三番目が「地方公共団体と地方公共団体」、そして「社会と社会」。その四面が日韓関係を規定しているのではないかということです。

「国家対国家」の関係については、現在ご承知のように動揺していますが、残る三つがしっかりしていれば、長期的には安定し、この動揺も収まるだろうと楽観的に考えています。

「人と人」の日韓関係については、一つのサンプルを挙げますと、基調講演をされる朴《パク》先生と私は、まさに日韓の「人と人」の象徴です。二人ともとても若い政治学者だった時（朴先生は大学院生、私は若い助教授）以来ずっと付き合い続けています。けんかしたことは一度もなく、双方の関係性が揺らいだこともありません。そういう意味では「人と人」の関係を結ぶことが、二国間においても大事ではないかと思っています。このシンポジウムがそのようなきっかけになれば、素晴らしいことです。

では、「地方公共団体と地方公共団体」についてはどうでしょうか。例えば熊本県は、韓国の忠清南道《チュンチョンナムド》と30年以上も友好関係を結んでいます。さまざまな二国間関係の摩擦があっても、忠清南道と熊本県は友好関係を築き続けています。現在の忠清南道の知事は、将来の大統領候補とも言われている人物で、私もますますの関係強化を願っています。

それでは、「社会と社会」の日韓関係はどうでしょう。20年ほど前は、韓国ドラマを見る人はほとんどいなかったと思います。しかし今、私は韓国ドラマ（最近では『奇皇后』など）を録画し、妻と一緒に楽しんでいます。おかげで、夫婦間の摩擦もあまり生じません。

こうしたさまざまなコミュニケーションの取り組みによって、「社会と社会」の結び付きが、深く強固になっているのではないかと思います。

蒲島県政は、第2期の折り返し地点に来ました。県政の四大目標は、まず「活力をつくること」、二番目が「アジアとつながること」です。三番目が「安心を実現すること」、最後が「100年の礎を築くこと」です。四つの目標の一つに、アジアとつながるということを掲げています。この日韓関係は、アジアとつながる最も重要な軸ですので、早く困難な状況を抜け出してほしいと願っています。

最後になりましたが、このシンポジウムが大成功に終わり、二国間が良好な関係に発展すること、ご参加の皆さまのご健勝とご多幸をお祈りして、私のあいさつとさせていただきます。ありがとうございました。

2　基調講演ーアジア太平洋の変動と日韓関係

朴《パク》　喆熙《チョルヒ》（ソウル大学教授・日本研究所長）

ただいまご紹介にあずかりました朴です。本来であれば、私が蒲島県知事、五百旗頭先生、小此木《おこのぎ》先生の話を聞かなければならない立場ですが、韓日関係における韓国側の話をしてほしいということで、僭越《せんえつ》ながらお引き受けしました。

私は若いころ、筑波大学教授だった蒲島先生からご指導をいただきました。蒲島先生は当時、私が最も尊敬する政治学者でした。五百旗頭先生は、日韓フォーラムに限らずいろいろな所で講演を聞いたり本を読んだりしますが、日本で最もバランスがとれた学者として尊敬しています。それで、五百旗頭先生に「熊本に来ませんか」と言われた時、即座に承諾しました。

本日一緒にパネリストとなるお三方は、何でも相談できる先生であり、友人でもあります。彼らからはよく「あなたは夜、酒ばかり飲んでいるので、昼間はたまに仕事をしなさい」と

言われます。後ほどその辺りもお話ししようと思います。

コロンビア大学で始めた日本研究

まずは、自己紹介をさせていただきます。私が日本研究を本格的に始めたのは、アメリカのコロンビア大学に留学してからです。ジェラルド・カーティスという、新聞やテレビに出ている著名な先生にお世話になりました。コロンビア大学で研究ができたのは、非常に面白い経験でした。

同年代の日本研究者や後輩は、東大などで博士号を取った人が多いのですが、私はアメリカで研究したため、日本を見る目が少し違ったと思います。渡日してからだと、日本に対する偏見というか、感情的な〝しこり〟を抱えたまま勉強することになります。しかしアメリカに行くと、日本人と韓国人は、すぐに親しくなります。

カーティス先生は「私はコロンビア大学で40年以上、日本政治を教えているので、学生を見れば韓日関係が分かる」と話していました。60年代の韓日の学生は、顔を合わせないし話もしない。70年代は顔を合わせて話しても、けんかばかりしていた。80年代は話がうまくいくこともあるが、急に感情的になってけんかをしたりする。90年代はワイワイ酒を飲み、けんかはあまりしない。90年代は私がアメリカにいた時期ですが、韓日関係はずいぶん変遷してきました。

世代間の差こそあれ、韓日関係に反映されている部分も少なからずあり、私も知事と同様、長期的には関係の先行きを心配しておりません。しかし、心配のある時期にはしっかり介入しないと、自然には修復しないと思います。

韓国で日本政治を研究する場合は、社会党系など一般的にリベラルな思想から入ります。一方、私が一番最初に出会った日本の政治家は、中曽根元首相でした。中曽根元首相がつくった「世界平和研究所」には、当時、佐藤誠三郎先生がいたので、私は〝保守〟から入りました。その後も日本政治は保守中心になっていて、あまり違和感はありませんでした。

幸か不幸か、研究当初に地方の選挙区レベルの政治を観察する機会がありました。時々テレビにも出ている平沢勝栄議員が初めて立候補した際に、1年半ほど地方選挙区に同行し、さまざまな方と話ができました。日本政治の根源について理解した上で研修ができたので、今でもそれが役に立っています。机上でなく現場から日本政治を見ることができたのは、私にとって財産となりました。

それでは、私が日本の政治を勉強する中で、韓日関係の変動を目にしたり、経験したりしたことをお話しします。

政治が働いた時代

現在はギクシャクしていますが、私が日本政治の研究を始めた90年代から２００２年ごろまでは、韓日関係は良好でした。対立の芽がなかったわけではありませんが、日本政治は日米同盟だけでなく、アジア外交も重視する政治家が、自民党の中にも他党にもかなりいました。話題になっている河野、村山談話や、それを基盤とした金大中・小渕共同宣言（１９９８年）が出されました。未来志向的に協力しようという共同宣言で、いい時代の流れでした。

実は韓国側から見ると、金大中大統領が韓流ブームの先駆けとなる「文化開放の決断」をした時、韓国国内では強い反対がありました。

われわれにはかつて被植民地支配の経験があり、かつ、日本の文化は韓国より成熟しているのではという恐れから、文化開放をしたら韓国は文化植民地になると言われていました。しかし金大中大統領は「市民レベルの交流を深め、一般の人がお互いを知るように文化を開放すべき」との判断から、「（日本文化を）見てはいけない」という反対の声を押し切り、文化開放に向かったのです。結果は完全とは言えませんが、韓流ブームなど相互理解のきっかけとなりました。

そのような決断をした金大中大統領の時代ですら、２００１年には「教科書問題」が起きました。扶桑社が作った歴史の教科書が問題になり、韓国から「修正してくれ」と要請をして、一時はかなり不穏な状況に陥りましたが、それでも政治力が働いておりました。

韓国には金泳三《キムヨンサム》、金大中、金鍾泌《キムジョンピル》と、「三金」と呼ばれる政治指導者がいます。中でも金鍾泌さんは日本通で、私も何度かお目にかかり一緒にお酒を飲みました。日本の政治家と懇談する際、彼が日本の歴史や政治、文化を語ると、たいていの日本の政治家は「勉強になりました」と感心していました。教科書問題の時、彼は金大中大統領から頼まれ、東京に行きました。私は運良く同席することができました。

当時の森首相をはじめ、中曽根氏、竹下氏など歴代首相が集まったそうそうたる会合でした。大統領からこの問題の解決を頼まれた金鍾泌は、「私は中曽根さんと富士山の絵を一緒に描いてホテルに置いている」とか「中曽根さんとは毎年軽井沢でゴルフをしている」など、気楽な話を30分ほどした後、最後に「あなたたちにも私たちにも、戦前の記憶がある。互いに何があったのか知っているから、このつまらないけんかはこれぐらいにしておきましょう」と締めくくりました。

しかし私が驚いたのはそのことではなく、その2、3日後、新聞から教科書や韓日問題の記事が全くなくなっていることでした。会合には読売新聞の渡辺恒雄さんもおられましたが、そのように批判の声がなくなったのを見て、「こんなに素晴らしいことができるんだ」と思ったものです。

しかしながら、それは私が最後に見た政治的な問題解決方法でした。

韓流ブームと関係の暗転

それから10年程度は、『冬のソナタ』をはじめ韓流ドラマが流行り、五百旗頭先生や蒲島知事も楽しまれたと聞いて、大変嬉しく思いました。

現首相の安倍さんは、最初に首相になられる前に、実は韓国にご招待したことがあります。当時の安倍さんは韓国ドラマがあまりお好きではなかったのですが、昭恵夫人はかなりのファンでした。当時夫人は、冬ソナの故パク・ヨンハの大ファンで、韓国語も始められたほどでした。２００５年の財界との食事の際に、夫人が韓国ドラマを見ていることを知り、私が韓国語で話しかけたところ、韓国語で会話してくださいました。

その後は民主党政権になりましたが、当時の鳩山首相とその夫人はもとより、彼のお母さんも韓国ドラマを見て、韓国語を学び始めたのだそうです。80歳を超えているお母さんが韓国語を学ぶのか、とびっくりしました。

そのような時代があり２０１２年までは、飛行機で羽田空港に着いてタクシーに乗ると、運転手からホテルに着くまで韓国ドラマの話をされていたほどでした。これは非常にいい傾向で、まさに「社会と社会」のつながりがうまくできていました。

その反面、２００５年には日本で「竹島の日」が制定され、２００６年8月15日には小泉首相が靖国参拝をするなど、いろいろな事件がありました。韓流ドラマの流行と、ギクシャクする事件が同時進行しましたが、それほど大きな問題にはなりませんでした。いい時もあるけれど悪い時もあると、このような紆余曲折を私はあまり懸念しませんでした。

しかし２０１２年ごろから、韓日の関係は急速に冷え込みました。李明博《イミョンバク》大統領が独島（竹島）を訪問したことが、日本では問題になったといわれますが、韓国側は一足早く認識していました。２０１１年12月の京都の首脳会談で、慰安婦の問題をめぐって野田首相と李大統領が物別れしたのをきっかけに、冷え込んでいったのです。

安倍首相は不幸なことに、民主党政権時代の野田元首相が残した問題を、負の遺産として引き継ぎ、解決の糸口も見いだせないうちに現在の韓日関係に至りました。

これ以降、タクシーの運転手は、私が車内で韓国語で電話をすると表情をこわばらせます。「これは大変だ。こんなに韓日関係が悪くなったのか」と、さすがの私も心配しております。

なぜこのようなことが起こっているのか。韓日関係は少しずつ変化していくところに本質があると思います。確かにその時々の状況など、表面的な違いは多々ありますが、その根底に流れている動きは三つの変化を反映しており、その変化は両面性を持っています。

一つには、昔の韓国と日本は〝大切なもの〟が違いました。日本は長いこと民主主義が続いていますが、韓国は１９８７年にやっと独裁政権が民主化されました。今は民主主義の牙城といわれるほど民主的で、思想が多様化しており、政治に対するディテールが濃くなっています。また60〜70年代までは、韓国は非常に貧しい国でした。今も地方では依然として韓日の差は大きいものの、ソウルは東京と比べても遜色ないほど成長しており、普通の生活ができる豊かな国となりました。

韓国のこのような変化が、韓日関係にいくつかの影響を及ぼしています。市民が軍事政権と闘って民主主義を手に入れた韓国は、市民社会が活発になりました。市民社会が声を上げると、政府も対応せざるを得なくなったのです。

私が大学生の時、独裁政権を倒すという民主化運動で毎日のようにデモをしていました。私の同僚は学生運動で二人も亡くなりましたから、学生やいろいろな方の犠牲の上で手に入れた民主主義は、〝宝物〟という認識もあります。

みんなで手を組んでデモを起こし、組織的に運動すれば何でも実現すると期待してしまう癖が、いまだに残っています。いかがなものかとは思いますが、このやり方には、いいところもあれば悪いところもあります。韓日関係についても、これに似た状態が表れるのは確かだと思います。

二つ目は、日本の週刊誌現象です。今はだいぶ落ち着きましたが、2013年の8、9月ごろは、地下鉄の中吊り広告の見出しに「韓国はでたらめな国で、民主主義ではない。国民性の悪い、無法で無責任な国家」と堂々と書いてあり、吐き気がしました。

週刊誌には「韓国の司法部はいろいろな問題に口を出し、理解できない判決を下している。なぜ法が守られないのか」と書いてありました。韓国では、日本と比べて「三権分立」と「民主主義」があまりにも確立されているため、司法部が判断するとき、行政府や立法府が介入できない仕組みになっています。彼らは単純に独立した判断をするため、介入すると「司法部への関与」となり、関与した人の立場が危うくなります。

徴用工や慰安婦の問題をめぐる司法判決が問題になっていますが、政府は司法に介入できず、イライラしているのが現状です。司法部の独断に、韓国政府も悩まされているのです。韓国の組織が一枚岩になって日本叩きをしているわけではないと、まず言っておきます。

三つ目は、韓国がかなり自信を持つようになったことです。日本が韓国より強い国なのは変わりませんが、昔と比べれば、相対的に力が拮抗してきています。象徴的だったのは、サムスン電子がソニーの売り上げを上回ったことです。私がアメリカに留学していたころ、ショッピングモールに行くと、電気店では一番前にソニーの製品が置いてありました。その次がパナソニックです。学生時代は貧しかったので、高い電気製品は買うお金がなく、「サムスンのものはないですか」と尋ねると、ずいぶん奥にありました。もう二十数年前のことです。

今はアメリカでも変わってきて、一番前にサムスン電子のテレビがあり、次にLG、ソニーは真ん中ぐらいで、ハイアールなど中国製品が後ろにある状態です。そういう面では「韓国も成長したな」と感じますが、反面では、例えば李大統領が独島を訪問した後「日本の国際的な影響力は落ちている」とコメントするなど、自信過剰の感が否めません。

昔は韓国を「まだまだ」と見ていた日本も、今では「成長したね」と喜びつつ、ジェラシーも芽生え、昔ほど韓国を大目に見られなくなってきました。「韓国がそう出るのであれば、日本もこう出ましょう」と、昔なら考えられないリアクションをとったりします。

日韓フォーラムに参加したある方が、他のフォーラムで話したことをいまだに覚えていますが、昔は、韓国がけんかを仕掛けても日本は我慢しました。殴っても「痛い」とは言わない。嫌がらせをされても何もしませんでしたが、今は「痛いときは痛い」と言う。日本も韓国に言いたいことがあるのは普通の反応なので結構ですが、韓国に対して日本は、昔ほど細やかに配慮しなくなっています。

ですから日本と韓国のこのようなやりとりは、私には子供のけんかに思えて少し残念です。政治スタイルもかなり異なる二国の関係は、陰湿化しているような気がします。日本政治の韓国化、韓国政治の日本化が起きています。一言で言うと、両国とも大物政治家の〝縛り〟が効かなくなっています。お互いに戦後世代になり、大物政治家や派閥の領袖《りょうしゅう》のアドバイスを聞かなくなっているのです。

私がそれを目の当たりにしたのは、独島問題が深刻化し、自民党の三人の政治家（新藤義孝、稲田朋美、佐藤正久）が鬱陵島《ウルルンとう》の視察のため、韓国に入国申請した時でした。日韓議員連盟の会長である森元首相が「今は時期でないから自粛せよ」と、一人を呼んで忠告しました。しかし、その人はほとんど聞く耳を持たず部屋を出て行ったそうです。

私はこれを聞いてびっくりしました。昔だったらとうてい考えられないことです。派閥の領袖で、元首相でもある日韓議員連盟の会長がアドバイスをしているのに、全く取り合ってもらえないのです。「今までの政治的なアプローチや解決法では、通用しなくなってきたな」と思いました。世代交代によって、また新しい政治の動きが出ています。

韓日の政治家は、大衆や市民団体の声に敏感という点では同じです。日本だけでなく、韓国の政治家も変な発言をしたりすると、マスコミに取り沙汰されます。

日韓フォーラムの話に戻ると、われわれは率直な意見交換ができてよかったと思います。終了間際に、初参加の韓国野党議員が挙手をして、市民団体の陳情みたいな内容を棒読みしました。私は、「これは記録に残すんだな」と思って見ていました。

そういったことは日本でも起きていて、昔のように落ち着いた議論が、政治家の間ですら難しくなっています。政治家の発言や行動を、メディアは拡大解釈して報道します。日本も新聞はいろいろありますが、韓国にも朝鮮日報からハンギョレ新聞など、幅広くあります。それぞれがバラバラな色を出して議論するため、難しいのです。日韓フォーラムでも、メディア対策をどうするのか、どうしたら感情的な面を抑えられるか議論しましたが、正解は出ませんでした。

中国べったりではありえない韓国

本日の主題である「アジア太平洋の変動と日韓関係」ですが、昔と比べて最も変わったのは、中国の浮揚《ふよう》です。中国がどんどん力をつけ始め、力をつけただけでなく、攻勢的な立場でけんかを仕掛けてきます。尖閣や南シナ海、東シナ海でさまざまなことが起きているのは、皆さんもご存じだと思います。台頭する中国にどう対応するか。私が第三者の目線で申し上げますと、中国を牽制《けんせい》して、国を守ることに力を注いでいるのが今の安倍首相です。韓国は、「中国は敵には回したくないが、一緒にもなりたくない」という「ヘッジング戦略」を取っています。

私が一番見聞きするのは「韓国は中国側についたのではないか」「韓国は中国に傾斜して、日本を無視している。なぜそんな態度を取るのか」というようなことで、確かに表面的にはそう見えます。

韓国の朴槿恵《パククネ》大統領はすでに、習近平《しゅうきんぺい》中国国家主席と5回も首脳会談を行っているのに、安倍首相とは首脳会談を開いていません。（２０１４年8月現在）

先日、韓日の外相が9カ月ぶりに会談しました。韓日の外相は昔は2カ月に一度ぐらい会っていたのですが、実に10カ月ぶりの外相会談でした。「これで大丈夫なのか」と、ずいぶん気をもまれています。

韓国は中国に傾斜しているといいますが、政治指導者だけで判断すべきではないと思います。日本の皆さんにはぜひ、韓国に来て直接ご覧になっていただきたい。街中を歩けばすぐ分かりますが、反日といわれながらも、日系の居酒屋がどんどん増えています。韓国の若者は昔、アルコール度数25度の焼酎を飲んでいましたが、今では18度ぐらいのお酒を女の人も飲んでいます。14度から16度の日本酒が、たくさん飲まれています。書店に行けば、最も売れているのは村上春樹の小説です。このような状況では、何が反日で、何が中国への傾斜なのか、疑問に感じるところがあります。ぜひ体感してみてください。

それでは、なぜそのような誤解が生じているのでしょう。韓国の政府当局者は、申し訳ありませんが、安倍首相や側近の歴史認識があまりにも甘いため、受け入れたくないとしています。ただ、それ以外の問題はすべてノーというわけではありません。

皆さんもご存じだと思いますが、昨年の10月に習近平国家主席が韓国を訪れました。私が今働いているソウル大学で、講演が行われました。その内容は、驚くべきものでした。習主席は「韓国と中国は日本に対してともに戦ってきたので、共同戦線をつくりましょう」という趣旨の発言を、表立ってしたのです。豊臣秀吉の時も、日清戦争の時も一緒に戦ったのだから、「これからも日本に対しては一緒に戦いましょう」と。

私も含めて何人かの論壇は、「冗談じゃない。清の時、韓国を侵略して王様を土下座させたのは誰なのか」と憤りました。韓国政府が成立した時、何十万人の軍隊をよこして韓国を分断したのは、言わずもがな中国です。事実の半分を隠し、半分だけ伝えるのは好ましくありません。私はそういうやり方がまず駄目だと思ったので、韓国政府が一面的に傾斜しているように見えるのは、よろしくないと反論しました。メディアでもほとんどが同じような論調でした。首脳会談を5回も行い、韓国は中国に引っ張られているかに見えますが、水面下では逆だと思います。「中国はやり過ぎだ」と感じているのです。

ほとんどの韓国人は、「日本は油断したら何をするか分からないから、警戒しなくては」

という反日の遺伝子的なものを持っています。しかしそれよりもっと強烈に、中国がわれわれの国をやりたい放題に侵略した、という史実が刷り込まれています。韓国が一方的に中国に走ることはあり得ないと、私は自信を持って言えます。中立の立場を保つことは、日本と中国の間に挟まれた国の宿命です。政治家レベルでは偏っている印象があるかもしれませんが、戦略としては極めて困難なのです。

米国ファクターと韓日関係

韓米関係も、やや複雑です。日本国内で集団的自衛権についてさまざまな議論があり、憲法解釈の変更に過半数の国民がいまだ反対の姿勢を取っていますが、アメリカは、「日本の選択を容認する」立場です。

韓国はアメリカの同盟国なので、日本が集団的自衛権を行使する際、利益を得る面もあって正面から反対はしません。しかし、日本が軍事的な体制を整えるのは不安だというのが、多くの韓国人の本音です。

さらに集団的自衛権を行使するとしても、半島の領土・領空で自衛隊が直接進入して行動するのは控えてほしい、事前の要請や協議をきちんと経た上で行ってほしい、と考えています。韓国には近代においても不幸な歴史がありますので、そのようなことをはっきりさせておかないと、思わぬ事態に陥る可能性があるからです。日米同盟への警戒を強める中国とは、立場が微妙に異なります。

懸案されているのは慰安婦の問題です。この問題はややこしく、日韓フォーラムで討論をしても、解決の目処が立ちません。しかし何とかしなければならないということは、誰もが分かっています。過去の経緯が「ああだった、こうだった」とは言えますが、被害者の女性たちが存命のうちに、何らかの対策を取らなければなりません。２０１１年8月に80人いた慰安婦は、現在は54人です。３年間で26人が亡くなりました。80代後半、90代前半の彼女たちの寿命は、そう長くはないでしょう。

この問題は、亡くなったらもっとこじれることが予想され、韓日関係は非常にギクシャクしています。日本の中でもさまざまな議論がありますが、外に出てみると、アメリカを含めて日本側に立つ国はありません。「それは日本にどうにかしてください」ということです。根深い人権問題でもある慰安婦問題の収拾をつけないと、韓日関係はよくなりません。

アメリカは今、日本と韓国が仲よくするにはどうすればいいか、一生懸命考えています。私は昨年までアメリカ出張を控えていましたが、ワシントンから「韓日関係について話をしてくれ」と求められるたび、渡米しています。日本と韓国が仲違いをするとアメリカも困るので、何らかの形でこの問題を乗り越え、関係を改善してほしいと思っています。

それではどうしたらいいのか、簡単に申し上げたいと思います。まず、日本と韓国は協力すれば、互いに得るものが多いと理解しておく必要があります。私の前のソウル大学総長が、東京大学に来たときこんな話をしました。「友達や妻は選べても、隣の国は選べません。どうしても共存していかなければならない立場にあって、隣国との関係が悪化するのは望ましくない。だから、何らかの形でよくしていきましょう」と。

実際に、協力の余地は増えています。現在は互いに成長する形で、政治的な局面を通過しているようですが、見る目を変える必要があります。韓国と日本は一対一で向き合うという平等な意識を持っていれば、水平的な協力が可能です。学生はもちろん青少年交流など、世界に向けて一緒に行動する場面はよくあります。経済については、日本も韓国もやや冷え込んでいますが、3・11（東日本大震災）の後、韓国に投資するオーナーは多くなっています。サムスンや現代自動車が世界的に活躍する企業になり、北九州で部品を作って送るよりも現地で作ってそのまま提供した方が早く、人件費や電気料、法人税も安いとして、慶尚南道《キョンサンナムド》が日本企業の誘致を行いました。これも水平的な協力と言えます。

どのくらいの方が私と同じ認識なのか分かりませんが、日本と韓国はアメリカを敵にはできません。軍事的にも経済的にも、中国に一対一で対抗できる態勢ではありません。そう考えると、日本と韓国が連携し、アメリカとも親しくするし、中国とも話し合って協力しないと損をします。肥大化する近隣の国に、韓国と日本は結束して対応すべきです。内輪げんかをしていては、お互いに馬鹿を見るのです。

韓国と日本は、民主化と経済成長の経験を持つ国です。開発途上国や発展していない国に対しては同等の姿勢で、もしくは協働でサポートができます。

東南アジアは日本の進出が多いですが、韓国の進出も増えています。中東、アフリカにおいては、韓国国際協力団（ＫＯＩＣＡ）と国際協力機構（ＪＩＣＡ）が働きかけている地域はほとんど同じです。手を組んだ方が効率的になる部分はたくさんあります。なぜ、協力しないのでしょう。子どものけんかのような状態を続けるのは、大人の対応ではないと思います。

おわりに―協力の前進のために

韓日協力を前に進めるために、何が必要なのか。日本にお願いしたいこと、そして韓国がやるべきことを具体的に挙げてみます。

先ほど申し上げたように、韓国は中国と手を組んでいると思われがちですが、それは違います。韓国と中国を切り離すことを考えていてはいけません。民主主義的な市場経済を展開している韓国との関係を緊密にすれば、日本は中国に対応しやすいはずです。

今は感情的になっているので、理性を回復してほしいと思います。日本人はいつも落ち着いていて、冷静で、あまり早口でしゃべらないという印象を持っていましたが、最近私が接する日本人は、有識者も含めて感情的です。もう少し落ち着いて考えてみるべきだと思います。皆さんは、韓国の国民と政治家を区別して見てください。韓国の国民は日本を嫌っているわけではありません。反日感情があったとしても、表面化することはめったにないのです。報道で「韓国に行って殴られたらどうしますか」などと質問しているのを見ると、呆れてしまいます。確かに日本大使館の前ではデモが行われたりしますが、そこから2キロ離れたソウルの明洞《ミョンドン》に行くと、日本語をしゃべっても全然大丈夫です。身の安全は私が100%保証します。

政治家の動きはわれわれが何とかして変えるべきですが、国民同士はしっかり理解を深めるべきだと思います。先日あるフォーラムで、韓国でビジネスをしている日本のビジネスマンが「私たちは被害者ですよ。経済人と一般市民は被害者。加害者は、身勝手な政治家でしょう」と話していました。地方レベルでよい仕事をされる蒲島先生のような方はおられますが、永田町の一部の方々は、一時の感情に流されず、もう少し長い目で考えた対策を講じてはどうでしょうか。

以前私は論壇で、韓国に対するいくつかの要望書を書いたことがあります。まず第一に、中国だけに傾斜せず、バランスの取れた外交をすること。日本とも対話して、問題解決の糸口を見いだすのが急務です。私は昔から、韓国と日本の首脳は多様なチャンネルで話をすべきだと訴えてきました。

それから、問題解決に向けて歩み寄り、先に話を始めること。相手が申し出てくるのを待つのは、あまりにも非戦略的です。本当にやる気があるのなら、手を挙げて「やりましょう」と声をかけるのが普通です。これに関しては、安倍首相の姿勢にもやや不満があります。「いつも扉は開いています」と言われますが、本当にそうだろうかと思ってしまいます。「開いているだけでなく、そこから出てきてください」と私は申し上げたいです。

韓国にも全く同じことが言えます。日本がどうするか待っているより、韓国も大統領を含めて先に話を始め、問題解決に進むべきだと思います。それが戦略的なやり方ではないでしょうか。

お互いに、感情的になってはいけません。それぞれがよりよい未来を提示し合う開放をするべきです。そのためには、先日の日韓フォーラムでも話が出ましたが、決して歴史を忘れることなく、また歴史に縛られることもなく、もう少し柔軟性を持って対話していこうという提言で、私の話を終わらせて頂きます。ありがとうございました。

3　パネルディスカッション―日韓関係を考える

コーディネーター　五百旗頭　真（熊本県立大学理事長）

パネリスト　朴《パク》　喆煕《チョルヒ》（ソウル大学教授・日本研究所長）

張《チャン》　済国《ジェグク》（韓国東西大学総長）

小此木《おこのぎ》　政夫《まさお》（慶應義塾大学名誉教授）

若宮《わかみや》　啓文《よしぶみ》（日本国際交流センターシニアフェロー、前朝日新聞社主筆）

五百旗頭：皆さんこんにちは。貴重な日曜日にこんなにたくさん集まっていただき、ありがとうございます。

本学の「地域に生き、世界に伸びる」という理念のうち、「世界に伸びる」方がきょうのテーマと関係が深いと思います。昨年、試験的に始めた1年生の英語合宿を、今年も行うことにしています。天草で1年生の希望者が英語で共同生活するという試みです。

英語という手段を若い時に身に付け、「世界が私のグラウンドである」と意識することが大事です。もう一つ、大学にとって大事なのは内容です。世界の実相を知ること。日本がどのように世界とかかわっているのか、世界に生きる日本の内容はどういうものか、世界にどう対応していけばいいのか。このシンポジウムは、そうした観点から企画したものです。

　アメリカ、ヨーロッパ、そしてアジア。一番近い国が、韓国です。市場経済や民主主義を共有していますが、現在両国の関係は最低で、あるべきではない姿になっています。植民地支配という過去の原罪性がありますので、韓国では「親日」が非難の言葉になっています。先ほど朴さんのお話にもありましたが、日本にとっても「親韓」「親中」というのは、よくない存在だとレッテルを貼られ、非難の対象になりがちです。

　そのようなことが、果たして望ましいのか。難しい現状において、日韓関係は今が最悪と言えるのか。朴先生のお話では「60年代、コロンビア大学に通う日韓の学生は顔を合わせなかった」けれども、だんだん打ち解けていったということでした。以前はもっととげとげしかったのです。今も政治問題が起きるたびに、

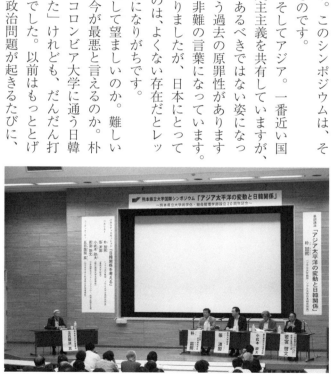

とげとげしい逆ネジが働きます。それを乗り越え、隣国間のよき関係をつくろうと努力し続けて22年。両国の官民にまたがって組織されたのが「日韓フォーラム」です。これは民間人が中心となって活動しているもので、例えばサッカーワールドカップの日韓共催を提案したのもこの団体です。民の活力により共感の輪が広がり、金大中・小渕の共同宣言で文化開放が進められ、韓流ブームにつながりました。いろいろな国際会議がある中、輝かしい実績を持つフォーラムです。

私は途中からこれに加わって、約10年になります。本日お集まりの日本側パネリストのお二人は、創設当時から日韓フォーラムにかかわってきた中心メンバーです。慶応大学の教授だった小此木先生は、日本における韓国の専門家として教育の面だけでなく、社会的にも日韓関係の橋渡しの役割を果たしてこられました。若宮さんはご紹介するまでもなく、朝日新聞の主筆として言論をリードしてこられた人であり、非常にきらびやかなコラムを書かれます。現在は日韓フォーラム日本側の、実質的なリーダーです。

それに対して、韓国側からお二人はご覧の通りお若い方た

ち（朴先生51歳、張先生49歳）です。日本では40代の総長は珍しいのですが、張先生は釜山《プサン》の東西大学の総長を務め、卓抜したリーダーシップを発揮しています。お二方ともアメリカで勉強され、朴先生については先ほどコロンビア大のジェラルド・カーティスに師事という話がありましたし、張総長はジョージワシントン大学、そして慶応大学で博士号を取られました。実は、小此木先生が慶応大学での指導教官です。

このお二人は、日韓フォーラムでも韓国側の実質的なリーダーとしてご活躍です。日本と韓国を代表する最高の四人に熊本に来ていただき、大変うれしく思っています。日韓関係が冷え込んでいるからこそ、真の相互理解を深める素晴らしい機会にできればと思います。

日韓民間交流につくす大学総長に

張：皆さんこんにちは。韓国の釜山から来ました、張済国と申します。五百旗頭先生から49歳とご紹介がありましたが、私は8月12日が誕生日で、明後日で50歳になります。

私は小さいころから釜山に住んでいました。ご存じのように、釜山は日本に最も近い都市です。日本としては対馬、本土では福岡が近く、その距離は２００キロしかありません。飛行機だと落ち着く暇もなく、福岡までは35分です。空港での入国審査に45分かかるため、計80分ほどでしょうか。

昔の韓国はまだ貧しく、昼間はテレビの電波が入ってきませんでした。長崎から電波が届くのか、普通のアンテナで日本のテレビが見られる時期がありました。しょっちゅう聞いていたのが「この番組は、ご覧のスポンサーの提供でお送りします」というフレーズでした。当時は意味が分かりませんでしたが、日本語を勉強して、やっと理解できました。

外国への関心が強かった子どもの私にとって、日本は二つの「窓」でした。まずは「好奇心の窓」。テレビで流れる日本の風景を見て、「外国ってこういうところなのか」と思いを馳せたものです。当時の日本はすでにカラーテレビが普及しており「すごいな」と衝撃を受けました。韓国ではパスポートを取得するのが困難で、渡航など想像もできない時代でしたが、私はずっと「海外に行ってみたい」「国際的な仕事をしてみたい」と考えていました。

もう一つは、「情報の窓」です。70～80年代の韓国は軍事独裁政権で、言論の自由はありませんでした。各所で激しい学生デモが起こっていましたが、韓国のマスコミはこれを一切報道せず、国民は本当の状況を知ることができませんでした。私はたまたま日本の放送で、ソウルの学生デモや80年代の光州《クァンジュ》事件を目にしました。「わが国で報道されているものとは全く違う」と驚かされました。

日本への関心が高じた私は、大学で日本語を勉強し、アメリカでの仕事を経て、伊藤忠商事に採用されました。会社では専攻の国際関係のスキルが買われ、朝鮮半島の調査を命じられました。調査に関する資料や新聞の中で、頻繁に出くわす名前がありました。「小此木政夫」という名前です。

「この人に会ってみたい」と思い立ち、何のつてもなく取材を申し込みました。突然だったにもかかわらず、小此木先生は私に応じてくださいました。北朝鮮問題などについて意見交換をするうちに、先生から博士課程への進学を勧められました。学者になるつもりはありませんでしたが、先生からの勧めに「やってみようか」と発起し、結果このようになってしまいました。

私と日本との関係は以上です。日韓の関係は、1965年に基本条約を締結して以降、かつてないほどに悪化しています。昔だったら、悪化したり改善したりのサイクルがありましたが、最近は自然に改善しません。ゴムバンドに例えると、伸びてまた戻るという復元力が働かず、伸びたまま戻らない状態です。日韓の間の否定の記憶に支配され、こういう状態になったのではないかと心配しています。

二国間の関係構築のため、私なりにいくつか活動している事業がありますので、簡単にご紹介したいと思います。

一つ目に、サハリンに住んでいる韓国人の3世、4世を韓国に連れてきて、奨学金を出して教育をする事業を10年前から続けています。日帝時代に韓国人が強制的に徴用され、サハリンに連れ去られて労働者となりました。1世はすでに80～90歳です。彼らの孫たちが今でもサハリンに住んでいて、非常に貧しい生活をしています。われわれが徴用1世に注目すると、感情的になって日韓の摩擦が起こります。「過去の問題については未来志向的な解決が大事だ」というのが私の持論です。3世や4世にフォーカスを当て、彼らを教育して地元に帰す。就職につながって家が豊かになれば、過去の傷が少しでも癒えるのではと考えています。

2005年、釜山でAPEC首脳会談があり、大学を訪問した当時の麻生太郎外務大臣に事業を説明したところ、日本で奨学金の基金を創設していただきました。今もこの基金を使って、サハリンに住む3世、4世を北海道大学と九州大学に留学させています。

これは民間で始まった事業が国レベルまで発展した例で、過去の問題を未来志向的に解決していく運動の先駆けです。

二つ目は、これも10年前から続けている韓日次世代学術フォーラムです。北海道から九州、ソウルから済州島《チェジュとう》にある大学院の修士課程、博士課程の院生を連れてきて、年に一度、日本と韓国を行ったり来たりしながら彼らの研究発表の場を設けています。将来国を担う可能性がある若者たちです。社会に出る前に交流し、ネットワークをつくることが大事だと考え、これも10年間続けています。すでに３０００人以上がフォーラムを経験しました。明日の世代の活躍が楽しみです。

三つ目は、朝鮮通信使（１６０７~１８１１年）のユネスコ登録運動です。江戸まで歩いて行った通信使による記録は、貴重な記憶の資産です。日韓の民間人が中心となって２０１６年の登録実現を目指しており、日韓フォーラムの声明の中でも支持されています。

四つ目は、釜山と福岡を一つの経済圏にする運動です。民間のオピニオンリーダーたちが毎年集まり、釜山・福岡フォーラムを開催しております。これも9回を数え、日韓フォーラムの声明に含まれています。対立が起きる時はいつも東京とソウル発ですが、地方間に混乱はなく、温かい交流ができています。これからは、もっと多様なチャンネルで日韓関係を築く必要があると思います。このフォーラムも、大事にしていきたい運動です。

最後は「キャンパスアジア」という事業です。日韓中の首脳の合意で発足した「東アジア共同体」を目指して、日韓中の各大学が参加の上、各キャンパスにおいて勉強するというものです。私の大学でもこれを実施しています。利点は、自国のことを他国がどう紹介しているのか、理解できる点です。例えば韓国の学生が日本に来れば、日本の学校が韓国のことをどう教えているか分かります。相互理解が深まり、相手の立場に立って物事を考える訓練ができます。この事業は現在3年目ですが、継続することにより、よりよい成果につながることを期待します。

五百旗頭：ありがとうございました。「伸びきったゴム」のような日韓関係の中、数々の未来志向のプロジェクトを自らつくり出しておられ、大変感慨深く伺いました。では、その張先生に「こうなってしまった」と言わしめた方、お願いします。

韓国を専門とする政治学者の誕生

小此木：申し訳ございません。張総長にそんな大それたことを言った意識はありませんでした。とても優秀な人が訪ねて来たので、「なぜ大学（博士課程）に来ないのですか」と軽い気持ちで申し上げた次第です。しかし、若くして大学の総長にまでなっているのだから、結果的によかったのではないでしょうか。

私自身は、最初に韓国に行ったのが1972年です。日韓正常化条約締結の約7年後で、その成果が形になって出始めたころです。慶応大学と韓国の延世大学の間に大学院レベルの交換留学の協定ができて、私がその第1号に選ばれました。

今でも覚えていますが、昔の金浦《キンポ》飛行場に降りると雨が降っていて「韓国語もろくにできないのに、私はこれから1年間どうするんだろう」と非常に心細く思いました。通信社の先輩が迎えに来て、いろいろ案内してくれたので助かりました。

実は１９７２年という年は、韓国政治が激動し、国際政治の分野でも非常に大きな変化がありました。例えば、ニクソン訪中で米中接近が始まりました。その後、田中元首相も中国を訪問して、日中の国交が正常化されました。

それに押されるようにして、朝鮮半島でも南北対話が始まりました。朴大統領が送った密使を北朝鮮側が受け入れたのです。幸か不幸か、私は戒厳令下の韓国で一連の動きを観察できました。翌１９７３年には、後に大統領に就任する、野党政治家の金大中氏が東京のホテルで拉致される事件が発生して、日韓関係が大騒ぎになりました。激動の中で何が起きているのかよく分からないまま、延世大学の人たちと一緒に民主化デモにも参加しました。投石しようとしたら、機動隊の警察官が撮影をしているのが目に入り、

慌てて止めたこともあります。
日韓条約締結後、日本との経済交流が韓国に大きな影響を及ぼしました。日本人は白い目で見られることもありましたが、一方で日本の留学生ということで珍しがられ、すぐに友人ができました。

1年経って帰国間近のころ、延世大学に日本語学校をつくろうという動きがあり、日本語を教えてほしいと頼まれました。延世大学総長から慶応側に要請を出し、初代の日本語教務主任としてさらに1年残りました。韓国には、計2年間滞在しました。

当時の韓国はまだまだ貧しい発展途上国でしたが、日韓条約締結後の経済協力がどんどん進み、浦項総合製鉄所（現「ポスコ」）、『冬のソナタ』で有名な春川《チュンチョン》の昭陽江《ソヤンガン》ダム、ソウル・釜山間を結ぶ京釜《キョンプ》高速道路、ソウル地下鉄の第1号路線などが、日本の協力で建設されるのを目の当たりにしました。

他方で、政治関係はそのころから難しいところがありました。先ほど申し上げた金大中拉致事件などは、日本の民主主義体制と韓国の権威主義体制の間で生じた体制摩擦でした。在日韓国人の青年がソウルで大統領を狙撃しようとして、陸英修《ユクヨンス》夫人が亡くなるという事件もありました。

在韓の2年間に見聞きしたものが、その後の私の研究テーマになりました。韓国政治、南北関係、国際関係、日韓関係など、いずれも興味深いテーマでした。その後、金大中さんや金泳三さんといった政治家とも、ずいぶん親しく付き合うことができました。

経済的に発展していく強権的な韓国と、それに抵抗して民主主義を求める韓国というと、どこか二元論的になりますが、それに南北関係や国際関係を含めた複雑なメカニズムが、その後の私の研究テーマになりました。

五百旗頭：大変詳しく韓国とのかかわりを伺いました。専門家が生まれ出るプロセスには、非常に味わい深いものがあると思います。それでは、ジャーナリストとして日韓関係をウォッチし、今では自ら担い手でもある若宮さん。

日韓を結ぶジャーナリストに

若宮：こんにちは。若宮といいます。私は朴さん、張さんのような韓国人ではないし、小此木先生のような韓国のプロでもありませんが、何かと韓国とのかかわりがあります。ただ小此木先生に比べるとアマチュアですので、アマチュアっぽい話を少ししたいと思います。

私は、1970年に大学を出て朝日新聞に入り、75年から政治部で取材するようになりました。基本的に永田町暮らしでしたが、山下元利防衛庁長官の初訪韓（79年7月）に同行したのが、初めての海外取材でした。小此木先生より7年後です。この年は朴正熙政権最後の年で、訪韓した3カ月後に暗殺されました。

その翌年の80年9月には、同行取材で北朝鮮にも行きました。金正恩《キムジョンウン》のおじいさんの日成《イルソン》がまだバリバリのころ、訪問団と会談する際に運よく立ち会うことができました。日成と握手もしました。当時われわれは拉致事件のことなど知らず、特に抵抗もなく面会しました。

新聞記者として訪韓できただけでも幸運なのに、軍事境界地区の板門店《パンムンジョム》を南北から往来する経験ができました。ここではいろいろ感じることもありました。板門店における南北の説明は全く違います。ともに「相手はひどい」という話で似ているといえば似ていますが、例えば北朝鮮では「主体《チュチェ》」思想をスローガンに掲げ、「偉大なる首領様」と呼ぶなど、同じハングル語なのに視点が全く違うという、分断の悲哀をまざまざと見たものです。私は留学制度に応募し、翌81年から82年にかけてソウルに留学しました。30年以上前と比べると「これが同じ国か」と思うほど、最近のソウルは発展しました。留学時は、軍事政権の全斗煥《チョンドゥファン》の時代でした。それについては、後ほど少しお話しします。

帰国した後はまた政治部に戻りましたが、永田町での派閥抗争が激しいころで、やれ「40日抗争」だとか、大平さんが亡くなったとか、そういうことばかり取材していました。外交にも縁があり、外務省を担当していた１９８４年に、全斗煥大統領が初めて公式に訪日されました。当時の中曽根総理大臣が招聘《しょうへい》し、昭和天皇と韓国大統領の初会合が焦点になりました。韓国としては、植民地時代にさんざん拝まされた昭和天皇から謝罪を得るのが目的でしたが、日本側は憲法の制約から、天皇が踏み込んだ謝罪はできず、かつ天皇の尊厳を傷つけてはならないとして、政府がしかるべき〝お言葉〟を考えたわけです。

必死に事前取材して、全斗煥大統領が来日という日に、「天皇陛下、お言葉で遺憾表明へ」と事前報道をしました。天皇のお言葉を事前に書くというのは前代未聞で、外れていればクビを覚悟しましたが、運よく「不幸な一時期があったことについて、誠に遺憾である」というお言葉が発せられ、韓国側も十分でないまでもそれを多《た》としてお帰りになった、ということがありました。

私は特派員もやりたかったのですが、行くことができず韓国には特派員として滞在したことがありません。ですからアマチュアです。

ただ、93年から日韓フォーラムのメンバーになって友人、知人はたくさんでき、朴先生、張先生とも知り合いました。今は日本国際交流センターにオフィスを持ち、慶応大学

や龍谷大学にもお世話になっているのですが、2013年1月に43年勤めた朝日新聞を辞めた時、お二人から東西大学の碩座《せきざ》教授、ソウル大学の日本研究所の客員研究員という、大変ありがたいオファーを頂きました。

私はせっかくなら、すっかり錆び付いている韓国語を思い出そうと、昨年3月から西江《ソガン》大学という朴槿恵さんの母校の韓国語学校に入り、最近まで苦心して学んでいました。

留学時代のエピソードをご紹介します。言葉をやっと覚えて一人旅ができるようになった3カ月目ぐらいに、一週間かけてソウルから釜山へ行き、光州から大田《テジョン》経由で戻ってきました。その時に、大田の街を見学しました。立派な教会を眺めていたところ、警官に物陰に連れて行かれ、「教会に来る前にあなたは茶房《タバン》(喫茶店)に入っただろう」と聞かれました。警官は「茶房で注文もしないで、そのまま出て行っただろう」と言うのです。確かに、朝飯を食わず小腹が空いていて、トーストかサンドイッチを注文するつもりだったのに、店員から「ない」と言われて出てきました。

警官によると、「お腹が空いているのに茶房に行くのはおかしい」ということでした。私はそれでピンと来ました。今では韓国、特にソウルでは、立派なコーヒーショップがあり、ケーキやサンドイッチなどもあります。しかし当時は、茶房では本当に飲み物しかありませんでした。インスタントコーヒーやニンジン茶などのお茶類はありますが、茶房でパンがあるかと尋ねるのは非常識だったのです。さらに、韓国語を使って非常識なことを言うのは、北のスパイかもしれないと。怪しいやつがいたら、とにかく申告するのが当時の韓国でした。もしスパイだったら何千万も報酬が出ます。そういうわけで、茶房の女性が私を怪しんで、警察（113番）に電話したのです。私はもちろん、身分証明書を見せて疑いを解きましたが、そういう時代でした。

もう一つ、印象に残っていることをお話しします。韓国には徴兵制があります。私が留学していた大学の生徒たちにも、いつかは徴兵の時が来ます。下宿先のお嬢さんから「韓国の若者がなぜ反日になるか」と問いかけられ、「教育で教わるからじゃないか」と答えると、「いろいろあるが、徴兵制の影響が大きい」と言われました。「韓国の若者は、徴兵されて前線で2年ほど苦しい思いをする。こんなに苦しい思いをするのは、南北分断のせいだ」と考えるからだと。南北分断についてたどっていくと、結局日本の植民地時代に行き着いて、戦争が長引いたため南北が分断された。だから日本が悪い、となるようです。

しかもその朝鮮戦争の間に、日本は特需で儲けてぬくぬくと経済成長を果たし、今は韓国が軍事独裁の国だとばかにしている。冗談じゃないということです。徴兵制により若い男女が引き裂かれていて、悲劇がたくさん生まれているのだ、と言われました。日本の平和はありがたいが、韓国のような犠牲の上に成り立っていると感じて帰ってきました。

五百旗頭：ありがとうございました。大変面白い話で引き込まれました。

このところ、日韓首脳会談が行われず、親日、親韓は少数派で、迫害されるという状況にあります。なぜこうなったのか、われわれは素朴に疑問を感じます。それに対する答えを引き続き探りたいと思います。

一つは、韓国に対して１９６５年の日韓基本条約で約束した事項（過去の問題については５億ドル程度の経済協力を行い、請求権を破棄する）で済まず、折衝が繰り返される。一体どういうわけか、という疑問が日本社会では多いと思います。

朴さんは先ほど基調講演でこれに触れられましたが、小此木先生はどう見られますか。

歴史の中の日韓基本条約

小此木：ずいぶん昔の話ですから、若い方にはなじみがないと思います。日本と韓国が植民地時代の関係を清算して、新しく出直しましょうという基本関係条約と、それに付随するいくつかの協定ですが、それらが締結されたのが１９６５年で、２０１５年には50周年になります。それでは終戦の年、すなわち１９４５年から１９６５年までの約20年間、日韓はどうしていたのかということですが、その間、国交は存在しなかったのです。

日韓関係を正常化すること自体が難しく、第６次、７次と日韓会談を積み重ねて、65年にやっと交渉が妥結しました。ですから、65年の日韓条約によって、整理されたことは間違いありません。法律的にはこれで決着しました。その通りです。

しかし、極めて困難な交渉の結果であったことから分かるように、これは「妥協の産物」でした。妥協はしたものの困難な問題がいくつも残りました。それらについては曖昧にしたり、あるいは棚上げ（先送り）したりして、問題を乗り越えました。そのこと自体が大変重要で、戦後の日韓関係で最も重要な出来事を一つだけ挙げろと言われれば、それは1965年の日韓国交正常化、すなわち基本関係条約と請求権、その他の協定締結でしょう。

棚上げした問題は何かと言われれば、竹島問題がそうです。もっとも韓国側は、領土問題そのものの存在を認めませんでしたから、「棚上げ」というのは日本側だけの理解かもしれませんが。

韓国併合の過程で締結された旧条約の合法性をめぐる問題もあります。植民地化が合法的に進展したのかという問題です。日本人にとっては机上の空論ですね。今になってそれらが合法であったかどうかを問うても仕方ない、というのが大方の日本人の反応です。しかし韓国人はそうは思っておらず、これが大きな論争となっています。

基本関係条約で、旧条約は「もはや無効である」と、曖昧化して処理されました。一度は有効だったものの、今は無効だとも解釈できるし、ずっと無効だったとも解釈できるようになりました。

さらに、大韓民国の管轄権に関しても問題になりました。この条約は日本と韓国の条約ですが、韓国は休戦ラインの南側にある国であり、その管轄権は北朝鮮には及ばないと日本側は考えました。しかし韓国はそうではなく、平壌《ピョンヤン》まで含めて朝鮮全体を代表していると主張しました。この問題も国連決議を援用し、曖昧化して処理しました。

そういう問題は、実はその後に解決されたものもあるし、解決されていないものもあります。それでもなぜ国交を正常化したかと言えば、冷戦時代には、「安全保障」が最も重要だったからです。日本も韓国もそうでした。中国や北朝鮮の共産軍が下りてきて、釜山を占領したら日本の安全はどうなるか、というのが「釜山赤旗論」でした。

だから韓国に経済協力をして、早く経済発展させなければいけない。韓国が経済発展すれば、国内も安定し、日本がより安全になると考えたのです。これが当時の日本の政治家や経済人の、自然な発想でした。当然、そこには経済的な利益も伴いました。

しかし冷戦が終わり、韓国が経済発展と民主化を手に入れると、未解決の問題が再燃しました。日本人は律儀ですから、「どういう理由があったにしても、一度サインしたものは終わりではないか」と思います。苦しくても、黙って約束を守るのが日本的な美学です。

しかし留学した当時、私が韓国人に言われたのは「日本と国交正常化してよかったが、日本人は一度も謝ってくれなかった」ということでした。その後に続いたのは「あれは韓国が貧しくて、やむなく締結した不平等条約だった」というものです。まあ、それはそれで一理ないわけではありません。あの当時は、日本外交が成功し過ぎたのです。植民地支配についても、最後まで「合法正統論」でしたから。

韓国的な美学は、日本的な美学とは違います。それが正しかったのか、正しくなかったかが問題の焦点です。「あれはやっぱり正しくなかった。歴史は正さなければいけない」というのが韓国的な美学です。たぶん朱子学的な伝統文化に由来すると思いますが、何が正しいかが最も重要で、正しくないものは正さなければいけません。法律もそうです。

日本の法律文化はサムライ文化を土台にしているので、一度サインしたら、それを守ることが最も重要となります。それを途中で変更するなど「男らしくない」ということになります。そういう伝統文化や法律文化の違いが現在、慰安婦や徴用工の個人賠償請求として提起されているのです。もちろんそれ以外にも、分断国家の強烈なナショナリズムの存在を指摘しなければならないでしょうが。

五百旗頭：ありがとうございました。歴史内在的に両国の感じ方、考え方から説明していただきました。

小此木：一言だけ申し上げますと、しかし私は、日韓関係は成功物語だったと思います。与えられた条件の下で双方が目標を達成し、利益を得て、ここまでやってきたのは間違いないことです。そういう意味では、成功物語だと思います。

五百旗頭：成功しているのに、どうしてとげとげしくなるのかという思いは残りますが…。慰安婦の話は韓国からすれば、正しいか、正しくないか。正しくないのならば、正義においてあらためて要求すべきということになります。正義と人道の問題として、世界的に見ると、朴さんも「これについて日本を支持する国はない」とおっしゃいました。今朝のテレビ番組でも、朝日新聞が吉田証言を「間違いだった」と認めたことについて、激しい論争がなされていましたが、朝日ご出身で主筆をつとめられた若宮さんからお話しいただけますか。

慰安婦問題をめぐる交錯

若宮：小此木先生のお話にも少しありましたけれども、従軍慰安婦の問題は65年時には全くテーマになっていません。例えば、徴用工などについては議論に上り、当時の韓国側は「それはこちらで処理するから結構」と言っていました。しかしあのころは、韓国国内でも慰安婦の方々が名乗り出ることはなかった時代です。65年というのは戦後20年ですから、慰安婦の方もまだ40代で、自ら事実を語ることもありませんし、そういう環境にない時代でもありました。

その後、朝日新聞だけではありませんが、日本の学者たちがこの問題を発掘するという動きにより、少しずつ慰安婦の存在が表に出てきたわけです。

そういった中で、吉田清治という人は、なぜ虚偽の証言をしたのか…。僕らもいまだによく分かりません。「元軍人で、自分は慰安婦を集める担当だった」と、そこまでならいいのですが「済州島でそこら中の若い女性をトラックに乗せて連行し、慰安婦にした」とまで日本で公に証言を始めました。

それを最初に報道したのが朝日新聞です。私は彼に会ったことはありませんが、取材した人の話によると、彼は涙を浮かべながら事実を細かく語り懺悔《ざんげ》していたそうです。そうしたことを自ら本にして日韓で出版し、ソウルまで行って謝罪もしています。

韓国において慰安婦問題を報じられた初期にこのような言動があり、そういうことに最も敏感であった朝日の記者が、疑うよりも「やはりそうなのか」という思いから、強制連行があったかのような報道をした、というのが事実です。よって、その報道の責任が朝日新聞にあるのではという論調です。

その後、従軍慰安婦についての河野談話もありました。河野談話とは、93年8月の宮沢内閣終盤に出された談話ですが、それまでさんざん調べて、まさに吉田清治が言っているような、物理的に強制して連れて行ったという資料は見つかりませんでした。しかし、軍や官憲の意を受けた業者が、いろいろな方法で慰安婦を集めたということでした。その過程では、騙したり無理強いするようなこともあったそうです。

河野談話では、そうやって集められた女性たちが逃げ出す自由はほとんどなく、軍の管理下で多くの兵士の相手をさせられ、苦しい思いをさせてしまったと言及しました。談話の中で強制連行という言葉そのものは使っていませんが、全体としては強制性があったとして、日本政府の関与と責任を認めたわけです。

ところが、本当はいわゆる「奴隷狩り」のようなことはなかったのではないかと、いまだに物議を醸しているのだと思います。

朝日新聞は、97年に吉田証言について検証を行った結果、吉田さんが語っていることを「その通りだ」と認める人はいませんでした。吉田氏は当時、自らの証言を撤回しませんでしたが、朝日新聞としては、どうも怪しいということで「裏付ける証拠がない」と修正しました。

よって朝日新聞としては、97年に報道の在り方を修正しているのですが、はっきり取り消していればよかったのでしょう。しかしながら、「強制的な連行が全くなかった」という証拠もなく、吉田氏も偽証を認めなかったため、今日の状況となりました。

ところが、この問題で朝日新聞は責められ、あたかも捏造《ねつぞう》したかのごとく言われています。そうではなく、朝日も偽証に騙されて報道したのです。報道の数と影響力が、他社に比べ多かったという点においてその責任が最も重く、また（原発問題など）他の問題もあって、今回の謝罪となったのではないでしょうか。

五百旗頭：ありがとうございました。日韓基本条約や慰安婦問題について朴さん、張さんにコメントをお願いします。

朴：慰安婦問題が少しややこしくなっていて、日本の中で二つの議論が大きく走り過ぎている点を補足します。第一に「65年で終わった」ということ。第二に「強制性がなかった」ということについてです。

１９６５年のことについては小此木先生も詳しくご説明されましたが、韓国では裏のやりとりがあったのではないかと、日韓国交正常化40周年時に市民団体が要求して、日韓条約関連の文書をすべて公表しました。そこでもさんざん議論になりましたが、専門家と政策決定者間の審議で、基本条約では三つの問題（慰安婦問題、サハリンの移住者問題、原爆の被害者問題）は含まれていないとされました。これらは、請求権の対象ではなかったというやりとりの文書が公開されたのです。

この三つの問題に対して、日本政府としては公的資金も投入するなど、いろいろと努力してきたつもりでした。そこが韓国で評価されていないのは、非常に残念なところです。日本政府は慰安婦問題を収束させようと、90年代にかなり積極的に動きました。その結果、河野談話、村山談話、アジア女性基金へつながりました。これはもう少し評価すべきだと思います。韓国も実は、政府が資金投入してこの問題を解決しようとしましたが、市民社会の一部からの反論が強かったため、実現できませんでした。

私は、被害者の女性の立場をきちんと考えながら努力をすれば、解決できない問題ではないと思います。

「強制性がなかった」という点については、日本の一部の人々が非常に狭義な強制性を吹聴の上、「官憲は関与しておらず、慰安婦は自発的な売春婦に近いものだ」というような言い方をしています。これはちょっと行き過ぎだと思います。河野談話の基本的な精神は、慰安婦の被害者たちは、自分の意思に反して尊厳を傷つけられた例もあったというものでした。「日本の警察や軍人が無理やり拉致するような強制連行ではなかったから、強制性はない」というわけではなく、要は自分の意思に反して尊厳を侵されたかどうか、ということです。

慰安婦問題には「四つの強制性」があり、若宮さんが言われた「慰安婦の募集」「有償」「移動」

「慰安所の設置」については、すべて日本軍が関与しています。私は、女性たちが事情を適切に説明された上で、自発的にやったとは思えません。

もう一つは、多くの被害者が騙されたことです。「お金になるよ」とは言われても、慰安所で兵士の相手をすると理解していたケースは少なく、予想と全く違う結果になってしまったのです。慰安所では相手を選択する権利も何もなく、自由に辞めることもできない、この形態そのものに強制性があったということです。

このことを頭に入れて考えると、どちらかが一方的に駄目だというよりも、双方に妥協の余地があると思います。

五百旗頭：なるほど。それではどうしたらいいかについては、最後の提言のところでお願いできればと思います。張先生、この点も含め、先ほどの素晴らしい「民間の地域の交流」について、よろしければもう少し詳しくお聞かせください。

張：慰安婦の問題については、今朝も「強制連行があったのかどうか」に焦点を当て、いろいろと議論されていました。吉田証言は嘘だったと分かり、朝日新聞が謝罪したため、一部の保守派はこれをネタに「強制性はなかったでしょう」という論理攻勢を形成していました。

しかし私は、強制性が問題だとは思っていません。人類の普遍的な価値あるいは女性の人権の側面から見ると、その議論はあまり重要ではありません。戦時下でこういう事実があったことに対して、人道的観点から慰安婦の問題に接近するべきではないかと思います。この問題に関しては、当事者が話しづらいことです。なぜ今まで言わなかったかと責められても、個人のレベルではとても言えない。特に韓国は儒教の国ですから、こういうことは「家の恥」になってしまいます。自ら告白することができない国情である、ということも理解してほしいと思います。

また、2011年に憲法裁判所で判決が出ています。「この問題で何もしないというのは憲法違反」という判決が出た以上、韓国も法治国家ですから、どうすればいいのかと議論がなされているところです。

日韓地域間交流・学生交流の高まり

張：さて、先ほど話した地域間交流の内容の中で、一番力を入れて取り組んでいる釜山と福岡間の超広域経済圏についてお話しします。ヨーロッパに行けば、国境を越えた地域連携あるいは超広域経済圏は珍しくありません。例えば、スウェーデンとデンマークの間に大きな橋がありますが、国境を越えて一つの経済圏になっています。デンマークの人がスウェーデンに出勤したり、国境を越えた連携が強く見られます。しかし北東アジアには、そういう例がありません。もちろん北朝鮮と中国は非常に近く、そこで経済圏をつくればいいのですが、政治的あるいは安全保障問題でいろいろもめていますから、そういうことができません。

唯一できるところは、釜山と福岡だと思います。釜山と福岡あるいは九州でもいいのですが、日本も韓国も中央集権国家ですから、ソウル、東京がすべての中心となっています。そのため地方の都市ではスケールメリットが生かせず、疲弊しているのが現状です。釜山（人口約３６０万人）と福岡（同１５０万人）が連合すれば、単純に合わせても大きな規模になります。一つの経済圏になれば、まずは経済的なインパクトがあります。

次に、釜山と福岡の市民が非常に近くなり、双方のより緊密な事業が展開されていくと、日韓関係の悪化が事業損失につながるという発想で、ひいては地方から中央（ソウル、東京）に対し、関係改善を要求するまでになります。さらに個人レベルで、経済的損害に対する中央への牽制のスキームが生まれるのでは、と考えていますので、日韓関係を良好に維持していくためにも「地域同士の連携」が非常に重要だと思います。

知事から熊本県と忠清南道との姉妹関係についてご説明がありましたが、私は忠清南道と熊本の間でもこうしたフォーラムをつくり、実質的に交流を深めていくことが大事ではないかと思います。

五百旗頭：ありがとうございました。大学間の交流も中国を交えてやっていらっしゃるというお話でした。どういう内容ですか。

張：キャンパスアジアと先ほど申し上げましたが、首脳たちが集まってそういう仕組みをつくりました。今は、８つの事業団があります。朴先生のソウル大学でも、キャンパスアジアのプロジェクトに取り組んでいます。うちの場合は、京都の立命館大学、中国・広州のある大学と組み、移動キャンパスを行っています。４年間で２回ずつ、持ち回りで行います。現在は中国人、日本人、韓国人10人ずつが毎学期、例えば今年の一学期は釜山で勉強し、翌学期は中国、その後京都といった具合に実施しています。

学生たちは最初違和感があったのか、なかなか友達にはなれませんでしたが、今では学生同士で結婚する者もいるほど親しくなりました。お互いの文化、言葉について勉強していますから、日本語や中国語をかなり話せるようになっています。また「もしあなたが韓国人だったら、過去の戦争の問題についてどう思うか」と、立場を入れ替えて考える習慣もつけるようにしています。

日本で「日本海」と呼称する海は、韓国では東にありますから、「東海」と呼称しようと韓国は提起していますが、韓国の学生が日本の学生を相手にするときは「日本海」と呼称します。この配慮は韓国国内ではあり得ません。逆に日本の学生は韓国の学生に対して「東海」と言えます。

お互いに配慮することができれば、日韓関係にも役立つのではないかということで、キャンパスアジアのプログラムは今後も続けていきたいと思っています。

五百旗頭：われわれも機会があれば加わりたいと思います。

釜山・福岡、釜山・九州でもいいとおっしゃいました。釜山・福岡の地域間交流に、熊本も加わることはできますか。

張：もちろんできると思います。ぜひお願いします。

五百旗頭：ありがとうございました。聞きたいことはまだたくさんあります。例えば最近の韓国は中国にベッタリで「ひどい傾斜じゃないか」と、日本人の間で危惧されています。それについては朴先生がかなり丁寧にお話しくださいました。基調講演の朴先生、蒲島知事も含め、長期的には日韓関係を楽観的に見ているということでした。それは非常にうれしいことですが、具体的にどういうふうに改善していけばいいのか。前向きなアイデアはどの辺りに見いだせるのか。最後に皆さんに一言づつお伺いします。

日韓関係の改善・前進のための諸提言

朴：まずは、相手の立場に立って考えてみることが大事だと思います。そうすれば、それほどおかしい考え方ではないということが分かり、お互いに感情的にはならないと思います。

日本人がバブル崩壊後の長期停滞により、フラストレーションが溜まっていることを韓国人は理解していません。また日本は、韓国が成長してプライドを持つ国になったことをあまり知りません。そういうことを踏まえた上で立場を変えて考えてみれば、すんなり相手を受け入れることができるというのが、まず一つだと思います。

われわれは、中国に対しては警戒すべきでもありますが、協調しなければならない相手だということも、頭に入れておくべきだと思います。実現可能かも含め、中国を敵にすることはわれわれの利益になるのかということです。もちろん中国の強大化は気になりますが、協調すべき東アジアの国の一つであることを前提とし、中国がおとなしく法律を守るためには何が必要か。日米韓がアジアのすべての国を含めて、模索すべきです。安倍さんは外交をうまくやっていますが、韓国を「民主国家、法治国家」といいながら、なぜか協議の場に入れていないのが残念です。しっかり参加させてほしいと思います。

張：私は2点申し上げます。

一つは、日韓の歴史は、過去の否定的な記憶が支配しているということです。これを早く肯定的なものに変換すべきだと思います。「きょうは明日の歴史」になります。きょう何をやるかによって明日が決まりますから、このようなシンポジウムはとても有効だと思います。われわれ市民の力で、今からでも日韓の肯定的な記憶をたくさんつくっていくべきです。

二つ目は、韓国でも言っているのですが、互いを尊重する雰囲気をつくっていくことが大事だと思います。最近は電車の中吊り広告の見出しなど、韓国人としては許せない表現がたくさんあり、書店に行けば「嫌韓」「反韓」の本が売れているそうで、非常にがっかりしています。

私は1995年にちょっといやな経験をしたことがあります。ご記憶の方もいらっしゃるかと思いますが、ソウルでデパートの崩落事故がありました。パスポート更新のため、東京の韓国大使館までタクシーに乗ったところ、私を日本人だと思った運転手から「韓国はデパートが落ちるひどい国だ。気をつけて」と言われたのです。韓国でも日本人に対していろいろな表現をしたり、無視したりすることがあります。互いに尊重し合い、配慮できる社会をつくっていくことが、この時期は必要ではないかと思っています。

五百旗頭：「きょうは明日の歴史になる」。大変味わい深い言葉だと思います。

小此木：1965年の条約について、先ほど「和解ではなく妥協だった」と言いましたが、和解と妥協はどこが違うのでしょうか。妥協がなければ和解は成立しません。厳しい妥協を積み重ね、その過程で互いに理解を深めることが、日韓の和解につながっていくのではないでしょうか。妥協を和解にまで高めるのが、相互理解です。日韓はそういう努力を段階的に積み重ねてきました。

例えば、金大中大統領と小渕首相による日韓「パートナーシップ」共同宣言は、ほとんど和解に近いところまでいきました。日本側は過去について明確に謝罪して反省し、韓国側はそれを評価し、「これからは未来志向でいきましょう」ということになりました。その後、ワールドカップ共催や大衆文化の段階的開放まで実現したのに、そこから先に進めなかったことは、大変残念だと思っています。

ただし、われわれは過去に戻ることができません。日韓関係も、冷戦時代やポスト冷戦時代には戻れません。二つの時代が終わり、新しい時代が始まりかけている。われわれはその大きな曲がり角に立たされているのではないかと思います。

そのような観点から見れば、冷戦時代の「安保優先・経済開発」型の関係とも、ポスト冷戦時代の「国際協調・過去反省」型の関係とも違う、第三の日韓関係を築き上げることが必要となっています。歴史や領土で対立していますが、日韓は同じような産業構造を持って、安全保障を含めて、利害関係を共有していることを忘れてはいけません。

例えば、日韓は米中のような超大国でも、軍事大国でもありません。資源のない輸出立国でやってきた国です。民主的な先進技術を持つ工業国家になり、民主主義や人権を尊重しています。ともにアメリカの同盟国です。北朝鮮の軍事的脅威も共有しています。だから、二つの国が安全と繁栄を維持するための戦略を、共有できないはずはありません。

進行している社会の高齢化にどう対応するか、女性の労働参加をどう高めるかなどの重要問題も、日韓共通の課題だと思います。高齢者医療やヘルスケアなど、協力できる分野は少なくありません。

それらの努力があって、日韓の将来は今とは違ったものになっていくでしょう。双方がもっと意欲的に国民的な相互学習運動でも展開すれば、日韓和解は早いうちに実現すると思います。

若宮：「妥協は和解の始まり」の具体例を申し上げます。象徴的なものは、2002年の日韓サッカーワールドカップの共催です。決まったのは96年ですが、決まるまでは日韓で相当議論がありました。解決の目途の立たない中、日韓フォーラムで「日韓共催」という機運が出て、そういう声明をつくりました。

私は朝日新聞の社説で初めて「日韓共催論」を書きました。その時は日本サッカー協会から非難されましたが、小此木先生にもギリギリの局面で共催論の投稿をしていただきました。それらが実り、あのような決定になりましたが、これはまさに妥協の産物です。16カ所で行う会場を日韓で折半しました。最初は、日本の機運として「単独開催論」が多数でしたが、いざ日韓で共催してみると、「本当によかった」となり、それが韓流ブームにもつながったわけです。

共通の目標がなくなると、「嫌韓流」が出てきたりします。国家間でなく民間でもいいので、何か共通のものを一緒にやり、そういう流れを増やしていくのが一番ではないかと思います。なお、私は政治部の記者でしたが、政治の世界で「熊本」というところは、「健全な保守」、「リベラルな保守」といわれる代表的な政治家を輩出してきた地だと思います。私の取材した時代でいえば、例えば坂田道太さんです。この人は、与野党を含めて尊敬された方です。五百旗頭先生は専門ですが、防衛庁長官の時に「日本の自衛隊は大事だ。憲法の下で地道に、外国からも日本人からも信頼される自衛隊をつくろう」と考えた方です。衆院議長も務められました。今の安倍首相のやり方を坂田さんが見たら、少し心配するのではないかと思います。

それから、園田直さんがいます。彼はもっと個性的で、日中平和友好条約締結当時の外務大臣だった人です。当時首相だった福田赳夫さんの派閥には台湾派が多かったのですが、園田さんは「日中はやっぱり大事にしなければいけない」と考えていました。

福田内閣の外相としてこの条約に調印しただけでなく、翌年の大平内閣でも外務大臣として残りました。実は当時、尖閣諸島周辺で日中共同で石油を開発しようという方針があり、中国と交渉することを閣議で報告しています。実現しませんでしたが、あの当時、鄧小平《とうしょうへい》さんもそのように考えていました。そういうことが実っていれば、今のような困難な状況になっていなかったのではないかと思います。

今は野田毅さんがいますが、あの方も決して左ではありません。しかし、中国との関係は大事にしなければいけないと頑張っています。

それから何といっても、県知事から首相になった細川護熙さんがいますね。日韓関係では画期的な「慶州《キョンジュ》会談」において、過去のことについて真摯に謝りました。創氏改名、従軍慰安婦などその他を具体的に挙げて謝罪しており、後の村山談話につながっていきます。

今は政治が駄目で、われわれ市民が頑張らねばならない時代になっていますが、政治を駄目にするのもやはり市民ですし、いい政治家を育てていくのも市民の義務だと思います。熊本はそういう伝統の地ですので、これからいい政治家を輩出していただければありがたいと思います。

きょう行うことが明日の歴史をつくる

五百旗頭：ありがとうございました。熊本の政治家について温かい言及を頂きました。

今日の日韓政治関係は、「妥協プラス相互理解が和解を生む」という、小此木先生の言葉からは逸脱した流れにあります。しかしながら、ここに集った日韓を代表する有識者やリーダーは、誰も絶望していません。「これだけ悪くなったら知ったことか」と、匙を投げたりもしません。「やるならやろうじゃないか」という険悪な雰囲気など全くなくて、長期的な改善に向かって歩むんだ、と前向きです。

慰安婦の問題も、われわれが断片的に聞いている内容について、深く考えるいい機会だったと思います。

「きょう行うことが明日の歴史をつくる」という張先生の信念に基づく釜山・福岡の広域連携のような国境をまたぐ地域交流、民のイニシアチブによるさまざまなプロジェクト、東アジア３カ国の若い学生たちによるキャンパスアジアといったプロジェクトは、疑いもなく明日の歴史をつくる営みとして、大変望ましいことだと思います。

政治が駄目であっても、「民間」、「地域」、「大学」はしっかり健全な関係を再構築すべきであることを、皆さん強調されました。自分の観点に立てば、許せないことは日韓双方にあります。しかし相手の身になってみれば、われわれは歴史的に大変申し訳ないことをしました。「いつまで言っているんだ」と非難するのではなく、まずはそれを認識すべきだと思います。大きな極東の動乱状況の中で、そもそも日本が韓国全体を併合して支配したことにより、極めて高い文化やプライドを持つ韓国の人々を、深く傷つけてしまいました。権力による「具体的強制性」があった、なかったという以上に、今日の日本と世界の人権と人道の水準から、女性の尊厳を傷つけたことをわれわれが反省すべきでしょう。

県立大学の就職率は現在93％ですが、昭和4年の世界大恐慌の時の日本では、大学を出ても四人に一人しか就職できませんでした。当時はほとんど帝国大学しかない状態ですから、エリートであるにもかかわらずです。農村部に至っては、家族が食べていくために口減らしとして、吉原などへ娘を売るということもありました。国内で行われていることであっても、非常に悲惨な状況です。

そのような身売りが日本軍の管理下で行われたことを思えば、「具体的強制」がなかったからといって、日本が胸を張って「正しかった」とは言えません。「あのような状況の中で大変痛ましいことをやってしまい、申し訳ない。何とか解決するために、できるだけの努力をしたい」と考えるのが人間だと思います。

そういう過去について、無神経でない歴史への向き合い方をすることです。しかし同時に、韓国の人にお願いしたいのは、「過去に縛られるな」ということです。過去はやり直せるものではありませんし、直接手を下した者は、ここにはもういません。みな次の世代の者です。そうであるならば、つらい、やりきれない思いは解るけれども、今の日本人に対して犯罪者のように当たらないでいただきたい。現在と未来を潰してしまうことのないように、日本とのお付き合いを大事にしてください。さまざまな交流、協力を活性化していかなければならないと、本日あらためて感じた次第です。

政治が何であろうと民間がしっかりすべきではありますが、しかしやはり政治は決定的なところがあります。李明博さんが竹島に上陸して、あのようなことを言わなければ、今の日韓関係はこれほど悪くはならなかったでしょう。鳩山由紀夫首相があのような不用意なことをしなければ、日米関係が危殆《きたい》に瀕して、日本の周辺国のトップが次々に係争中の領土に上がることもなかったかと思います。

やはりトップ、政治は非常に大事です。やや幸いに思いますのは、日中間は厳しい時代にあるものの、この秋には間違いなく、首脳会談が再開されることです。安倍首相はそれを望み、二度目の靖国参拝はするまいという考えを固めていると思います。習近平主席の側でも、これまでは権力基盤をつくるためにずいぶん激しいことをやり、対外政策はそのとばっちりという面もありました。ただ主導権を確立してみれば、経済成長に乱れが見える中国の真の利益は、日本とこういう関係にあることではないと思います。「日本からの投資が半分に減ってしまっても、世界中で取り戻せる」と思えるような状況にはありません。そういう中で、日本との関係を正常化することへの冷静な意欲を示し始めています。

中国だけでなく、続いて韓国との間でもまっとうな関係に戻ることを深く望みます。国民のために政治は結果を出さなければいけない。日韓の良好な協力する関係が、両国民の利益です。両国政府はその障害となってはいけません。障害を取り除く役割を果たさねばならないのです。アメリカは日中韓の関係悪化を懸念し、改善を勧めたりしますが、そんなものがあろうとなかろうと、日本は中国、韓国とまっとうな関係を築かなければという思いが、さすがに高まりつつあります。

そういった気運を促進させていくことです。本来は日本と韓国は、地政学的にアメリカと中国の間にある点で共通です。21世紀の日本は、「日米同盟プラス日中協商」で進まねばなりません。それが私の持論です。韓国は客観的に言って、日本以上に米国と中国とのよき関係を必要としているのではないでしょうか。激動のアジア太平洋において、日韓両国は戦略的共通性を免れません。その共通性の中で、新しい東アジアの平和と安定をつくるために、手を携えて協力することが望ましいのです。現実には両方のトップは違った方向を向いているようですが、また新たに歴史をつくる瞬間が必ず来ると期待し、それぞれ努力していくのが大事だと思います。官民両方ともしっかりしないといけません。壊すことは一瞬でできます。ひどい壊し方だってできるものです。しかしつくり上げるときは、ガーデニングのように時間がかかります。双方が支え合いながら、進むことができればと思います。

きょうは日本と韓国を代表する素晴らしい知的リーダーに、傾聴に値するお話を頂き、大変うれしく思います。また、貴重な日曜日にこのようにたくさんお集まりいただき、熊本と日本、そして東アジアの将来について一緒にお考えくださった皆さんに、心からお礼を申し上げます。

4 再考察
日韓は冬の時代を超えられるか

張　済国（韓国東西大学総長）

熊本県立大学主催の国際シンポジウムに参加し、すでに2年半が過ぎた。シンポジウム開催当時、韓日関係は非常に悪化しており、討論の際も未来志向的なことは言い難い雰囲気であった。席を埋め尽くした聴衆も、比較的緊張した様子で耳を傾けていたのが目に浮かぶ。そのような両国関係は昨年末、韓日政府が慰安婦問題に対する劇的な交渉妥結に至り、新たな局面を迎えた。両国政府ともこの妥結を肯定的に評価し、いくつかの実践事項の履行後は、これ以上慰安婦問題は取り上げないという「不可逆性」を強調している。

しかし、今回のことについて両国内では、さまざまな意見が表出している。その内容は、大まかに以下の通りである。

まず、朴槿恵政府と安倍政府は、なぜもっと早い時期にこのような解決をできなかったのか。過去2年という歳月の間に、両国関係は慰安婦問題でわずかな前進も見せず、その間に両国民間の感情の溝は深まり、「嫌韓」「反韓」「反日」感情が広く形成された。一部では、韓日国交正常化以来、両国関係がここまで悪化したことはないと言われたほどであった。今回の合意は、両政府が従来の主張を徐々に譲歩し、和解に至ったためである。だとすれば、この2年の間に、一体どのような葛藤があったのかという疑問を残すのである。

第二に、両国政府は否定しているが、合意に至るまでには、米国の外圧が大きく働いたのではないかという意見が、大半である。韓日間の問題なのに、なぜ自分たちだけで解決できないのか、という批判は避けられない。これは、1965年の韓日国交正常化の際にも大きく作用していた米国の干渉が、国交樹立から50年が過ぎた今でもそのまま踏襲されていることを意味し、そろそろ限界が露呈してきている。

第三に、この妥結前後の韓日間の混乱は、今後の両国関係の前途に、悪影響を与える可能性があるという点だ。韓国政府は妥結した後、被害女性たちの感情を鎮めることに失敗し、韓国国民に否定的な印象を植え付けた。日本においても、保守勢力を中心とした否定的言動が続いており、日本側の誠意に対する疑問が、韓国内では噴出している。

韓日関係を未来志向的なものに移行させなければならないという総論には多くが賛成しながらも、これを実現するための各論となると、韓日間には大きな認識の違いが存在している。今回のシンポジウムのような機会を通じて、互いの認識の違いを虚心坦懐《きょしんたんかい》に打ち明け合い、共通の分母を探していく努力は、非常に意味があると考えている。今後も、熊本県民との対話の機会が多くあればと願ってやまない。

国際システム変動の中の日韓関係

小此木　政夫（慶應義塾大学名誉教授）

　ここ数年、日本と韓国は国交正常化以後「最大の曲がり角」に直面していた。それは冷戦システム、脱冷戦システムに続き、中国の大国化、韓国のミドルパワー化、北朝鮮の核武装など、東アジア国際システムに新しい変動が生じていることと無関係ではない。その中で、日韓両政府は２０１５年の11月に首脳会談、12月に外相会談を開催して、慰安婦問題に関する合意に到達し新しい局面を切り開くことに成功した。依然として慰安婦問題に関する政府間の合意に限定されているものの、両国の最高指導者レベルに明確な妥協が成立したのだから、それが徐々にその他の分野に拡大されていくと考えることは可能である。ただし誤算や失敗が積み重なれば、再び元に戻ることもあるだろう。その意味で日韓関係は新しいスタートラインに立ったばかりである。しかしそもそも、日韓は何を巡って争ったのだろうか。

　日韓関係の悪化は、安倍晋三・朴槿恵政権の下で歴史認識と中国政策を巡るギャップとして尖鋭化し、日韓指導部間の感情的な衝突にまで発展した。朴大統領のいわゆる「告げ口」外交が日本側を刺激し、安倍首相の「侵略」の定義に関する国会答弁や靖国神社参拝が、韓国側を激高させた。指導者レベルの相互不信が深刻化すれば、それは官僚機構を拘束し、マスメディアのナショナリズを刺激し、さらに国民感情を悪化させる。ただしその原因になったのは、主として歴史的記憶、中国認識、文化的伝統などの衝突、すなわち日韓のアイデンティティの衝突であった。国際システムの変動に直面した日本と韓国は、それぞれあらためて自らの歴史的な自画像や新しい国際的立場を確認するために、激しく論争したのである。その頂点になったのが、安倍首相の戦後70年談話、朴大統領の対日戦勝70周年記念式典（北京）への参列、日本国会での平和安全法制の成立などであった。

しかし、両国指導者レベルでの信頼醸成だけでなく、北朝鮮の核実験や長距離ロケットの発射が緊密な日韓および日米間関係の重要性を再認識させたことも、特筆されるべきだろう。韓国にとって、それは中国に対する「過剰な期待」が裏切られたことをも意味したのである。3月1日の独立運動記念日の演説で、朴大統領は「歴史を直視する中で、手を取り合って韓日関係の新たな章を開くことを願う」と強調した。また、かつて日本政府は韓国を「自由、民主主義、基本的人権などの基本的な価値と地域の平和と安定を共有する」最も重要な隣国と表現していた。そのような形容はまだ復活していないが、2016年1月22日の施政方針演説で、安倍晋三首相は「戦略的利益を共有する」との新しい重要な修飾を付し、韓国と「新しい時代の協力関係を築き、東アジアの平和と安定を確かなものにする」との意欲を示した。日韓間に想定される次の重要なステップは、朴槿恵大統領の日本公式訪問だろう。

第二部　中国の台頭とアジア太平洋秩序

熊本県立大学国際シンポジウム２０１５

＊各講演者の所属・肩書きは、本シンポジウム開催時点のものです。
（開催日：２０１５年11月7日）

1　あいさつ

〈1〉古賀　実（熊本県立大学長）

本日はたくさんの方においでいただき、ありがとうございます。本学は、地域社会で活躍する人材、並びにグローバル人材を育成の上、地域社会に貢献する役割を果たすべく努力し、高い評価を得ております。本学の「地域に生き、世界に伸びる」という理念通り、さまざまな機会を通じて国際的に活躍する著名な専門家をお招きしているところです。

まず、『ジャパン・アズ・ナンバーワン』の著書で知られ、東アジア研究の国際的権威である、ハーバード大学名誉教授のエズラ・ヴォーゲル先生にご講演を頂きます。そして、日米中の国際政治におけるわが国の代表研究者、國分良成防衛大学校長と久保文明東大教授をお迎えし、五百旗頭理事長のコーディネートにより、昨今関心の高まる東アジアの国際情勢について議論をしていただきます。

私どもは常々、今回お集まりの先生方の素晴らしいお話を、学生のみならず熊本の皆さまにも聞いていただきたいと願っていました。お忙しい先生方の日程の中で調整がつき、今般このような豪華なシンポジウムを開催することができました。ご来熊の先生方に、まずもって感謝申し上げます。そして今日のシンポジウムを通じて、皆さま方の国際情勢への認識が深まる契機となることを祈念いたします。

最後に、今回のシンポジウム開催に当たりご尽力いただいた熊本日日新聞を始め、ご後援を賜りました諸団体の皆さまに、篤くお礼申し上げます。

〈2〉 蒲島　郁夫（熊本県知事）

私は、「熊本県に知の結集を図る」という目標があり、第1弾として五百旗頭真先生を熊本県立大学の理事長にお迎えしました。その結果、このような素晴らしいメンバーが、日米中の今後の展開について熊本県でシンポジウムを開催されます。これも五百旗頭先生をお招きしたおかげではないかと考えております。

今回お集まりの先生方は、私にとってとても懐かしいメンバーです。五百旗頭先生とは、1977年にハーバード大学で出会いました。エズラ・ヴォーゲル先生はその当時、社会学の先生でした。一方、久保先生とは筑波大学、東京大学で同勤しており、中国政治において著名な國分先生とは、学会で何度も議論したことがあります。その方々が一堂に会し、日本の命運を左右する今後の日米中の展開について、講演およびパネルディスカッションをしていただけるのは、とても嬉

しいことです。

私は、知事になる前は政治学者でしたが、国家と地方では米中との付き合い方が全く違うと考えています。国家は国益を重視しますが、私は県知事として、県民の総幸福量の最大化を重視します。そのためには、「イデオロギーに傾斜しないこと」と「誠実であること」。この二つが重要だと考えます。例えば熊本県では、中国の広西壮族《こうせいそうぞく》自治区《じちく》と33年にわたり姉妹関係を結んでいますが、昨今の政治的状況にもかかわらず、両者は誠実な関係を維持しております。その結果、先日の阿蘇大水害では、当時の郭声琨《かくせいこん》書記（現中華人民共和国公安部長）により、30万ドルもの義援金を即座に頂きました。

私は抗日戦勝記念日の際に、熊本の代表として九州の政財界の方々と中国を訪問しました。イデオロギー的反発の中、対応した中国人民対外友好協会の李小林《りしょうりん》会長は「こんな時だからこそ、地方・民間レベルの交流は大切」と話していました。このような関係が、政治状況を改善していくきっかけになると考えます。最後に、このシンポジウムの盛況と皆さまのご多幸をお祈りして、挨拶といたします。

2　基調講演―日米中関係の新展開

エズラ・F・ヴォーゲル（米ハーバード大学名誉教授）

ただ今ご紹介いただきました、ヴォーゲルでございます。私は、何となく熊本と縁があるなと感じています。最初に熊本に来たのは１９５９年で、家内や子どもと一緒に阿蘇山を見に来ました。それから25年ほど前に、当時知事であった細川さんに招待され、数日間の大変楽しいひとときを過ごしました。

本日のシンポジウムの関係者とは、深い親交があります。五百旗頭先生は、約40年前にハーバードへ来た、大変優秀で真面目な若い学者でした。彼は、アメリカにある原資料を調査するため、ライシャワー教授の隣室を拠点に、あらゆる現場へ足を運んでおりました。若い学者も、今や理事長となりいろいろな所でご活躍と聞き、大変うれしく思っております。

われわれはハーバード大学で、政治も含め多くの講義やアドバイスを行っています。ですが、実際に政治家として成功する学者はあまりおりません。これは日本でも同様です。

そんな中で、蒲島知事は、アメリカで農業や政治学を勉強して、それを故郷へ戻って還元しています。大変素晴らしいことです。熊本県知事として成功したのは、適切な政策はもちろんのこと、人柄も非常に重要な要素となったからだと思っております。

また國分先生とは、約30年前にハーバードへ来られた際に親しくなりました。きょうは、何だか旧友たちと再会したような心地がしております。

私はもともと現代社会を勉強していましたが、近年は歴史も面白く、大事だと思っております。ですからきょうの講演テーマは、日米中の関係について歴史の観点から入っていこうと思います。

私はもともと歴史家ではなく、その資格もありません。ただ、長生きしてきた経験をもとにすることはできます。現代の米中を理解する上で、まず直近30年の話と、日本との関係についてお話ししたいと思います。

鄧小平による中国再生

近代中国の歴史において、1978年から始まった鄧小平による「開放改革」が、非常に大きかったと思います。19世紀のアヘン戦争後の中国は、国内の政治闘争や内乱が150年以上続き、経済成長も低くてつらい時代でした。

中国人の目から見ますと、アヘン戦争から鄧小平時代までは、中国は統一されていなかったこともあり、第2次世界大戦をピークに帝国主義国に圧迫されるなど、問題が多い時代でした。戦後は毛沢東による文化大革命がありましたが、この革命で亡くなった人は4000万人ともいわれ、本当に悲惨でした。

1978年になってようやく、鄧小平が文化大革命の収拾と経済建設を行い、中国は「正常な道」を歩み始めました。この鄧小平はすごい男です。軍隊に12年属し、戦争の英雄であっただけでなく、国内政治でも豊富な経験を持っており、国を建て直すことのできた、世界でもまれな指導者だったと思います。

アメリカの場合は、大統領になる人物は二つのタイプに大別されます。一つは、知事を経て大統領になるタイプ。もう一つは、アメリカ議会で議員を長年務めて大統領になるタイプです。

前者では、地方での行政経験があっても、外交や他国のことを十分に分かっていない人が多く、後者では、外交のことは分かっていても、行政運営の経験が不足している人が多いです。その点、鄧小平は両方備えておりました。

フランスとソ連に長年住んでいたことや、1970年代に周恩来が病に倒れ、外国との窓口になったことなどで、外交の経験を積みました。日本からの訪中団とは40回以上の面会を重ね、日本についても精通していました。

行政経験としては、1949年から3年間、西南地域の指導者を務めました。その後1956年から1966年の10年間は、党中央書記処総書記として、全国にわたるさまざまな問題に対処しました。

私の元同僚、ハーバード大学のデビッド・ガーガン教授によると、政治家は失脚した経験が、後に大変役立つ場合が多いとのことです。例えば、イギリスのチャーチル、フランスのドゴール、アメリカのリンカーンは、みんな権力の座から失脚した経験があります。失脚により、〝考える暇〟が生まれるのです。

鄧小平も文化大革命で失脚して、3年ほど地方にいました。その期間に、過去の分析をしたり将来の展望を考えたりする余地ができ、開放改革という方法を練ったわけです。文化大革命はある意味で内戦のようなもので、これを収めて国を統一するのは極めて難しいことでした。

1978年に権力の座に復帰した鄧は、新しい政策を打ち出しました。例えば外交においては、中華人民共和国が成立して以来、初めて日本を友好訪問。「中国と日本は友好的に協力し合わねばならない」と、日中平和友好条約を結びました。尖閣諸島問題では、昭和天皇が戦争のことについて謝罪したのだから、問題を棚上げしてもいい、という低姿勢の立場を取りました。

鄧小平は、1980年代に日本への理解を深めようと、『おしん』というドラマなど、日本の映画やテレビを見ていました。それで彼は、日本の家族の生活を知ることができました。

第2次天安門事件が起こった1989年以降、若者の政治不信を恐れた中国政府は、国民の支持を得るために愛国教育を強化しました。1990年代には、第2次世界大戦の旧日本兵を極悪非道の悪者に描いたドラマを頻繁に放送しました。その結果、間違った歴史認識が広まり、反日感情が膨らみました。これは宣伝部が仕掛けた最も効果的な作戦でした。

他方で日本人は、もう少し過去の歴史を知ることに意味があると私は思います。日本の文科省は、学生にもう少しはっきりと第2次世界大戦の事実を教えるべきではないでしょうか。

自信を強める中国　―北京オリンピックとリーマンショック以後

１９９７~１９９８年には、二つの大きな出来事がありました。一つはアジア通貨危機です。この時、アメリカは十分に役割を果たさなかったと思います。もう少しアジアの国々を助けるべきだったのに、アメリカの対応は遅れ、ＩＭＦの厳しいやり方を支持しました。打撃を受けなかった中国は、アジア諸国へのほんの少しの援助で台頭する機会を得ました。このことが、アジア各国のアメリカに対する不信感を招きました。

もう一つは、江沢民による軍事力の強化です。鄧小平は、１９７８年~１９８０年代の初めごろ、軍事力よりも国民の生活力向上に努め、農業やその他の産業に力を入れました。軍事費をあまり増やさず、軍需産業にもほとんど取り組まなかった。このころは台湾の独立運動が進んでおり、中国内では不安材料となっていました。

90年代に江沢民の時代に移ると、軍事的に台湾を手に入れるための議論が始まりました。死の淵にあった鄧小平は、台湾をアメリカに逃げ込ませず、合理的に解決するよう忠告したといいます。江沢民は防衛力強化を提唱し、莫大な予算を防衛のために計上しました。防衛費はそれから20年連続で伸び続けました。当時、中国の軍事技術の水準はあまり高くなく、海軍はなおさらでした。それについては、現在もあまり変化がないようです。

近代の中国史は非常に複雑で、45分という講演時間では大きな事柄しか話せませんが、

2007~2008年ごろは、新しい変化が生じた時期だと思います。まずは北京オリンピックですね。これを成功させたことが、中国の大きな自信につながりました。また、鄧小平時代から経済が大幅に伸び、資本力が蓄積され投資への意識が高まりました。リーマンショック後の金融危機で全世界的に投資が落ち込む中、中国は「われわれならできる」という気持ちを持っていました。当時の中国は、自信満々だったのです。

アヘン戦争以降の100年は、中国はもっぱら受け身で、日清戦争以降は、日本が圧倒的優位に立っていました。しかし今や中国経済は、日本経済のGDPを超えています。日本に負けないという気勢がどんどん拡大していき、軍拡をとげた中国は、尖閣諸島へ船を送りました。政府を支持する漁民や海軍、海警が、あらゆる形で力を誇示しようとしました。これには石油など、地下資源に関する経済的な思惑もあったとは思いますが、やはり歴史的な観点から見れば、アヘン戦争以降初めて中国が「日本よりわれわれの方が強い」と確信した高揚感があったからだと思います。

ちょうどそのころ中国では、新しい政権が誕生しました。習近平と、彼の同僚である60歳前後の人たちが中心となった政権です。彼らの青年時代は文化大革命があり、大学へはあまり行けなかったようです。そのため教育水準はそれほど高くありません。

国際経済の乏しい新指導者

江沢民の時代までの指導者は、１９４９年以前に若い日を過ごしたので、少しは外国のことも勉強しましたし、50年代でもソ連に行くなど海外の経験があったのですが、今の指導者グループは、海外の経験がありません。

文化大革命のころは、青年を地方の農村へ送り込んで肉体労働をさせ、社会主義国家に貢献させようという下放政策が取られていました。そのような農村の青年団や学生運動の中で、誰が強いとか誰が力を持っているという噂が広まり、自然と指導者が生まれます。彼らはそういうグループなのです。

習近平は、福建省《ふっけんしょう》や浙江省《せっこうしょう》などの地方で経験を積みました。彼の父、習仲勲《しゅうちゅうくん》は共産党の中央委員で非常に重要なポストにあったのですが、近平には北京の経験もありませんし、外交の経験もありませんでした。

そのような背景のもと、力をつけた中国は強いぞ、何でもできるぞ、という自信満々のムードで、習近平政権が始まりました。

習近平政権成立後２～３年してから、東南アジアの各国は、中国からアメリカへのシフトを始めました。アメリカも、アジアとの関係を強めようという気持ちが高まっています。

私の分析では、最近の習近平は海外のいろいろな人に出会って、自分が「威張り過ぎていた」「やり過ぎていた」ことに、だんだん気付いてきたようです。やはりアジアとのよりよい関係を築くべきだと思い始めたのでしょう。以前の傲慢さが全くなくなったわけではありませんが、今はそういう印象が強いです。これは私が中国での活動を通して感じることです。

躍進と苦闘の中国

中国の国内は、依然として大きな問題を抱えています。例えば都市化の問題です。1950~1960年代の日本の場合、地方出身者がどんどん都市へ流入した結果、人口が増え都市が拡大しました。

中国の場合はそれよりも深刻です。中国の統計によると、現在人口の約55%が都市に集中しています。1978年時は約20%であったことを考えると、大幅に増加しました。地方との不均衡という問題も抱えております。

日本は、高度経済成長を経て低成長になったころから、国民全体がおおむね中流階級となりました。一方中国は、さまざまな見方はありますが、1~2億人はいまだにとても貧乏な生活を強いられているのです。

また日本は、高度成長期から低成長期にかけ、医療制度や保険制度をずいぶん整備してきたのですが、中国はそこまでやれていません。

さらに日本では、その時期に素晴らしい技術の蓄積ができたけれども、中国はあまりに早く発達し過ぎたため、技術を蓄積する余裕がありませんでした。ですから中国が低成長期に入ると、いろいろな問題が発生する可能性があります。

共産党政権下の中国は、直近の30数年間で本当にすごいことを成し遂げました。これほど短期間での高度成長は類を見ません。

例えばアメリカで高速道路などを建設するには、多くの時間を要します。新幹線のような高速鉄道に至っては、アメリカにはまだありません。中国はこんなに早く、新しい都市をつくり上げてきたのです。

私は2～3カ月前に、中国の重慶《じゅうけい》で病院にかかりました。中国は医学の水準も、だいぶ高くなりました。人口が多く、医療が行き届かなかった時代からすれば、今は急成長しています。われわれ西洋人の学者も、そういう意味では中国に長所もあると、客観的に認めるべきです。

それからもう一つは、やはり政治腐敗の問題です。国の指導者が選挙もせずに選ばれていいのかと尋ねると、中国人は非常に答えづらそうです。また、文化大革命や大躍進政策（毛沢東が行った農工業の大増産政策。中国経済は大混乱に陥り、何千万人もの餓死者を出した）について、今でも正直なことはあまり言いたがりません。中国人は日本に対し、「歴史を十分に認めていない」といいますが、中国も特にこの二つの歴史については、十分に認めていないと言えると思います。

今、習近平は腐敗問題の対策を強化しています。汚職にかかわる官僚や軍人、党員などを次々と逮捕していますが、もう少し法律に則って取り締まるべきだと思います。また司法部においても権力で判決が左右されるなど、腐敗が指摘されています。もっと公平にやるべきです。

私の中国の友人も同様の意見を持っていますが、この改革をやり抜くのは大変困難だろうと言っています。

揺れる米中関係

一方、私の祖国アメリカについてはどうでしょう。

アメリカは、第２次大戦後は積極的に、ＧＡＴＴ、ＩＭＦなど世界レベルでの経済制度をつくってきました。今は日本やヨーロッパとともに将来的な経済成長を図り、世界全体の安定に貢献することへと、関心がシフトしています。

私の目から見ると、9・11（2001年のアメリカ同時多発テロ事件）は、アメリカ人の精神に大きな影響を及ぼしました。つまり、やはりアメリカも危ない、アメリカでも攻撃対象になるのだと、危機感が芽生えました。

それまでアメリカは、軍隊を守るための防衛政策を主としてきました。防衛とは、海外へ武器や軍隊を送るべきもので、アメリカ本土を守るものだという認識はあまりなかったのです。

アメリカのほとんどの有識層は、イラク戦争やアフガニスタンを攻撃したことは、間違いだったと、今では考えております。

しかし、アメリカの世論は矛盾を抱え、二つの意見に分かれています。

一つは、強いアメリカを主張するため、9・11以後の外敵には積極的に反撃しなければならないという、軍事力行使容認派です。

もう一つは、アメリカもやり過ぎだったと反省し、海外への介入は控えていこうという反戦派です。最近は両方の矛盾する考えを持つ人が増えてきています。

中国の台頭も、アメリカの精神に深い影響を及ぼしていると思います。第２次大戦以降のアメリカは圧倒的に強く、比較する国はありませんでした。

私が『ジャパン・アズ・ナンバーワン』という本を書いた後の１９８０年代に、日本の経済が驚異的に成長し、数年経てば本当にナンバーワンになるのではないか、とアメリカ人が心配した時期がありました。その本は、日本が世界一の経済大国になるという意味ではなかったのですが、本気でそう心配しているアメリカ人もいました。１９９０年代以降は、そのような人もいなくなりました。

２００７~２００８年ごろからは、中国が現在のような経済力となり、将来的に中国のＧＤＰがアメリカを超えるのではないか、その時アメリカはどうしたらいいのかと心配する人が増えてきました。中国は日本との尖閣問題をはじめ、フィリピン、ベトナムなどアジア諸国とトラブルを抱えています。その情景を見せつけられると、われわれアメリカ人はとても不安になります。

中国の伸張に対し、アメリカはどのように対応していけばよいのでしょうか。ニクソン以降のアメリカ大統領は、いろいろな面で中国と協働できるように接触しようと努めてきました。そうしなくてはならないと、元国務長官のキッシンジャーさんは話していました。

最近のアメリカの保守派や有識層は、今後の中国を懸念しています。アメリカの新聞では、中国の方が強い、アメリカの方が強い、などとゲーム感覚で書くわけです。「今回中国はこの点で、アメリカはこの点で強くなりました」とか、「中国はあのアメリカ人を捕まえました。この意図をどう読みますか」などと書かれています。そういった影響で、アメリカ国民にも反中意識が広まっています。大統領選挙候補者のトランプ氏などは、いい加減な発言をしてそれを煽っています。中国人は「アメリカは本当に中国を圧迫しようとしている」と、危険感を募らせているのです。

いろいろと問題が山積みですが、大統領はじめ政治指導層が、中国と穏健に解決する道を探るべきです。本来はそうなのですが、大半のアメリカ国民は、中国に対して不安と反感を抱いています。

中国とアメリカの対日観

最後に、中国とアメリカは、日本をどのように見ているかお話しします。

まず中国は、やはりアヘン戦争以来やっと日本を超えたという、優越感が非常に強いです。ですから3~4年前に「われわれは強いぞ」と日本への攻撃を試みました。それで分かったのは、戦後に構築された秩序をねじ曲げるのは、容易ではないということでした。また日本の投資や技術供与も必要であり、あまり日本をたたけば中国の利益にはならないし、全世界での軋轢《あつれき》が増え、アメリカとの摩擦も大きくなります。中国もさすがに理解したようで、現在は少し遠慮しています。

私の目から見ると、中国では日本に対して、二つの声があるのではないかと思います。中国国内では、国民に反日意識を植え付けるための抗日ドラマが今も続いてます。今年は9月3日に抗日戦争勝利の70周年記念が行われましたが、それに便乗して、いまだに日本の悪口ばかり言っている人たちがいます。

かと思えば、日本との外交関係、特に民間や熊本県などの地方機関との経済関係については、もう少しうまく運ばないと中国の損になるという声もあります。

そういった二つの見方の矛盾を整合させることは、非常に困難です。ですから指導者は、せめて海外との関係はこじれないように、と考えているようです。

アメリカ人の多くは、アジアについてあまり興味を持っていませんし、国際問題を十分に考えているわけでもありません。ただ、日本人に対してはいい印象を持っていて、頼れる民主主義の国だと考えています。

またワシントンDCや大学、ニューヨーク経済界では、今後の日本経済はあまり成長の見込みがないものの、国としては非常にいい国である、と理解しています。

日本の同盟国であるアメリカは、中国の膨張に対して、より重要な地位を占めていくでしょう。安倍政権を積極的に支持するなど、日本とさまざまな面で協力していく姿勢を見せています。

ですから、もし尖閣問題など中国とのトラブルが生じた場合は、われわれは同盟国として日本を支持します。

安倍政権以前の６年間は、毎年のように総理大臣が代わり、長期的に物事を考えることができませんでした。現在は安定政権となり、安倍首相はアメリカ訪問などの際には、日本が集団的自衛権を行使し、世界中で安全保障上の貢献をしていくという考えを示しています。国際問題に通じるアメリカ人たちは、日本との関係が今後も安定的に続いていくものとして、これを大いに評価しています。

一方、ワシントンＤＣやウォール街の指導者は、どちらかというと中国人と接触する機会が多いです。決してジャパン・バッシングではありませんが、やはり中国の経済力は絶大と言えます。

中国の環境問題などは、うまく対応しないと成功しないでしょう。かなり複雑であり、あらゆる面で問題を解決するためには、多かれ少なかれ中国と協力していく必要があります。

私は今月北京にいましたが、日本を訪問したことのある中国人は、「日本はいい」と言います。「いい」と言う人たちの多くは、日本人の対応が非常に丁寧で真面目なことに驚いていました。中国からの観光客は成金が多く、あまりマナーが成熟していない人もいますが、日本人の資質も含め、安定した社会が羨ましいと思っているのです。

最後に日米中の関係について、これからどうすればよいのでしょうか。

もちろん各国の指導者は、お互いに理解を深めていくことが必要です。政府おのおの思惑もありますので、あらゆる問題において、民間との連携も交え、合意形成をしていかなければ解決しません。

昨今はどこも国内の対応で手一杯で、長期的に国際問題を考えにくくなっています。日本人、中国人、アメリカ人、ヨーロッパ人、世界中の人々が、世界協調について長期的な視野を持ち、いろいろな前向きの発想をしていかなくてはならないのです。

ご清聴どうもありがとうございました。

3　パネルディスカッション―中国の台頭とアジア太平洋秩序

コーディネーター　五百旗頭　真　（熊本県立大学理事長）

パネリスト　エズラ・F・ヴォーゲル　（米ハーバード大学名誉教授）

國分《こくぶん》　良成《りょうせい》　（防衛大学校長）

久保《くぼ》　文明《ふみあき》　（東京大学教授）

五百旗頭：皆さん、こんにちは。

きょうは本当に素晴らしい方々にお越しいただいております。アメリカにおけるアジアの専門家はたくさんおられますが、ヴォーゲル先生のように60年代に日本に2年間住んで『日本の新中産階級』という本を書かれ、日本人と日本社会を深くご存じで、先ほどから話題になっている『ジャパン・アズ・ナンバーワン』を書かれたような方はまれでしょう。

また中国についても、『現代中国の父 鄧小平』という素晴らしい評伝の中で、毛沢東《もうたくとう》がむちゃくちゃをやった後、鄧小平が国民がやっていけるように建て直したという史実をつぶさに描かれました。

日本語も中国語も堪能な本物の専門家として、尊敬するヴォーゲル先生をお招きできたことを大変うれしく思っております。

個人的には、ヴォーゲル先生は40年ほど前の1977年、私が初めてハーバードに伺った際に受け入れて下さった方です。

当時私は広島大学に奉職していて、『大統領の権力』という名著を書かれたリチャード・ニュースタッドというハーバード大学教授が来日された際、広島観光の案内役を務めました。「いつかハーバードにおいで」と言われたので、今度行きたいと手紙を書いたところ、「ヴォーゲルに頼んだからね」と返事を頂きました。ヴォーゲル先生が東アジア研究所で私を受け入れて下さり、ライシャワー教授の隣にオフィスを与えられました。

ハーバードの大学院で民主主義諸国の比較政治学をテーマに博士論文を書いていた蒲島さんは、指導教官の一人をライシャワー教授にしていました。教授の所へ来た若き蒲島さん

に、そこで初めてお会いしました。お互いに『ちょっと変わった日本人がいるな』ということで仲良くなったのが、私が今、熊本県立大学でお世話になっているきっかけです。

　個人的にも非常に懐かしい面々と、本日ご一緒できることを、うれしく思っております。

　久保先生は、言うまでもなく、日本におけるアメリカ政治研究の第一人者です。きょうは、アメリカの対日政策、対アジア政策についてお話しいただけると思います。私事で悔しいのですけれども、私より野球もテニスもうまい方です。

　かつて日本政治学会で東西野球大会があった時に、西軍のリリーフエースをやっていた私は、久保スラッガーにホームランを打たれたことがありました。

　その後テニスで雪辱を果たしたかったのですが、彼は背も高く、ボレーをする時などすごい壁となってたたき落とされてしまいます。いまだなかなか太刀打ちできないという、文武両道の巨人です。

　昔は斎藤真さんとか有賀貞さんが、外交史の方面からアメリカ研究をしておられましたが、今の問題について的確に切り分けて話ができる方として、久保先生は本当に頼りになるアメリカ政治の専門家です。

國分先生は、中国について私に手ほどきをしてくれた指導者です。

かつて、新日中21世紀委員会という会議が日中両政府への助言機関としてあった時に、先日亡くなられた小林陽太郎さんが日本側の座長で、その下で秘書長として実質的に切り回していたのが國分さんです。

中国と日本が識者同士で話をすると、中国の方が上に立って圧倒していると想像されがちですが、その集まりに関しては全くの逆でした。

國分さんの深い中国理解に基づく議論で、われわれの方がずっとリードをしていました。それなのに、運悪く小泉首相が毎年靖国に参拝するものですから、中国側は過去の歴史問題にばかり集中砲火を浴びせました。それも分からないではないですが、戦後の日本は違うでしょう、戦後の日本はいいことをいっぱいしているでしょうと、われわれは説きました。平和的な発展をし、民主主義を遂げ、中国のためにもずいぶん外交的にいいことをしたではないですか、どうしてそれをさておき、昔のことばかり言うのですか、というふうな議論を展開しました。「戦略的互恵関係」と後に言われるようになりましたが、大事なのは双方にとっての今後の共同利益を見いだす努力ではないか、と主張し続けました。すると第1次安倍政権に代わったところで日中首脳会談が再開され、そこで中国の胡錦濤《こきんとう》主席が「戦後日本の平和的発展を積極的に評価する」とおっしゃったのです。

温家宝《おんかほう》首相も「日本から受けた多くの援助に感謝する」と、戦後日本のいいところを直視するようになりました。われわれの主張が向こうのトップに認められ、戦略的互恵関係が一度はできたかと思ったのですが、今はまた難しくなっています。

　日本を代表する中国研究者の國分さんがその辺りをどう見ていらっしゃるのか、大変興味があるところです。

　先ほど、ヴォーゲル先生が中国・アメリカ・日本の3カ国について、メモも見ずに話して下さいましたが、國分さんのご意見を15分ほどでお願いしたいと思います。

國分：皆さま、こんにちは。私、本当はいい声なのですが、きょうはハスキーボイスで挑戦させていただきます。普段はしゃべり出すと止まらないのですが、ヴォーゲル先生は私の先生のような存在で、五百旗頭先生は防衛大学校の前任の大校長ですので、きょうは控えておけということで、熊本に入った瞬間にのどがつぶれたのだと思います。

　九州全体がそうなのですが、熊本からは非常に優秀な学生さんを防衛大学校に頂いております。熊本県立大学はもちろんですが、同時に防衛大学校に対するご支援も今後ともよろし

くお願い申し上げたい、ということをまず申し上げ、私の話の半分は終わりました。

内政中心の中国

國分：さて、中国ですが、15分で話すのはとても無理であります。

実はきょう、とんでもないことが起こっています。中国と台湾の、いわゆる中国共産党と国民党のトップが対話をしているのです。二つが分かれてから66年、対話が行われたことは一度もありませんでした。

アメリカの調停で毛沢東と蒋介石《しょうかいせき》が重慶会談を行ったのが、ちょうど70年前の1945年です。そこでいったん協定を結ぶのですが、破れて内戦状態に入ってしまいました。

この対話は、そうした歴史から見れば大変なことなのですが、それほど重大ニュースにはならないだろうと思います。

そのようなことも含め、お話ししたいことがあまりに多過ぎるので、私が中国を見る際のポイントを、三つ申し上げておきたいと思います。

一つは、中国の言葉よりも行動を見た方がいいということです。例えば中国は、「中国の夢」とか「中華民族復興の夢」とか、「ニューノーマル（新常態）」とかいろいろと言っていますが、言及数が次第に減り、止めてしまうこともあるのです。いちいち言葉に飛びついていると、中国の本質を見ることができません。だから、中国が実際にやっていることを見て判断してもらいたいのです。

二つ目は、これはどの国もそうかもしれませんが、多くの場合、内向きの内政中心ということです。外のことはあまり考えていません。外交は、内政の延長になっています。中国は、特に共産党の一党独裁ですので、内政における安定状況が非常に大きな要素です。その内政を、誰が本当にリードしているのか。外から一つに見える中国の内部は、実は一つではありません。

日本は多元社会ですから、いろいろな声が表面化してきます。中国は一応一つのふりをしながら、内部でたくさんの派閥を持ち、たくさんの声が引っ張り合っています。日本やアメリカもそうですが、中国の内政の影響はもっと大きい可能性があると、理解していただきたいです。極めて内向きと言えます。

それから三つ目に申し上げておきたいのは、中国にも多様な考え方が存在し、内実は結構ばらばらということです。

大別すれば、二つの考え方が存在します。一つは共産党独裁体制を強化しようとする保守派、もう一つはそれを相対化させようとする改革・革新派と言えば分かりやすいかと思います。

そういうわけで、まずは中国の内政からお話ししようと思います。その後に外交、そして日中関係と進めます。

中国の政治には、一言で言えば権力を持つ正統性が必要です。民主国家なら、選挙で選ばれることにより正統性を証明できます。

しかし中国には選挙がありませんので、中国共産党が政権を担保している正統性から説明しなければいけません。

選挙では一般的に、われわれの生活が平和で豊かに営まれるかどうかが焦点となりますが、中国共産党は、そこにはあまり焦点を当てようとしません。

中国の経済成長は、これから必ず鈍化します。すでに生産過剰で、不良債権を内包したバブル経済を、少しずつ崩していかなければいけません。

そういった中で、共産党をどう正統化するのか、二つの考え方があります。

一つは国民の生活に重点を置く改革・開放のグループ。もう一つは愛国主義、ナショナリズムなど歴史に傾きがちな守旧派グループ（日本に対抗する抗日戦争を起点として、中国共産党が政権を取ったのだという歴史を吹聴するグループ）で、この二つのせめぎ合いが行われています。

中国共産党の国有企業を中心とした腐敗に対する改革を、２０００年前後にストップさせたのは江沢民でした。その結果として中国は、大腐敗国家になっていきました。

国有企業というのは、政府の意志と利益に基づいて経営される企業のことで、国家がその資産を保有しています。政府官僚の親戚や子どもたちを送り込んで幹部にし、資産を公開せず税金もまともに払っていません。さらに海外への投資や移住など、資産の国外流出が問題となっています。

胡錦濤政権時代には、結局これを解決できませんでした。習近平さんは、本音は改革派のようですが、やはりトップですからバランサーです。このままでは中国が崩壊すると危ぶみ、反腐敗闘争を起こしました。しばらく大規模な国有企業改革を断行していましたが、最近それが難しくなってきました。

なぜかというと、抵抗勢力が依然として強いためです。資産から税金を没収され、改革の過程で捕まるかもしれないと恐れている人たちの勢力です。そういった抵抗により、現在は改革が頓挫し始めています。

この反腐敗改革が、一体どこまで進むのか。これがわれわれの大きな関心事です。

鄧小平時代は、経済成長で生活が年ごとに豊かになっていました。しかし江沢民、胡錦濤時代にかけて既得権益層が肥大化し、でき上がった体制を、今は変えなければいけません。これを変えるのが政治です。まさに政治の改革が必要です。今は民意を反映するような体制になっていないのですから。

苦境に立つ中国外交

國分：次に、外交について申し上げます。中国は、何となく外交で成功しているような話がメディアで躍っていますが、私はそうでもなかったと見ています。大規模な援助をするとか、派手なスローガンを出すとかいう上面《うわつら》より、やはり実際の動きをきちんと見てほしいと思います。言うだけで、実行していないことも多々あります。

中国の大きな問題は、外交と安全保障、防衛です。これがばらばらになっています。確かに習近平さんは、経済が下降気味ですし、政治体制も問題が多いということで、今は海外との関係を積極的に調節しています。

アメリカとの関係をどうにかしようと訪問しましたが、会談する両首脳に笑顔はほとんどありませんでした。さらに、ヨーロッパにも行っています。ヨーロッパにはそれぞれの理由があり、とりあえず中国を受け入れていますが、現実はなかなか難しいようです。習近平は、対外的にはスマイル外交を展開しようとしています。

例えば、きょう台湾と対話している場所はシンガポールです。中国から見れば、台湾は中国の一部なので、北京あるいは中国国内で行いたいはずです。それを第三国のシンガポールでやるなど、過去には考えられませんでした。第三者から見て対等な立場にしたわけで、中国はかなり譲歩しています。

安全保障や防衛面においては、中国は南シナ海の環礁を埋め立てて人口島を造成するなど、勝手なことをやっています。基地化を前提として、３０００メートルの滑走路を造ったりしているのです。これが実際に戦いで役立つかはさておき、平時においては、そこから飛行機がどんどん飛び立つことができるわけで、相当な意味を持つと言えます。

中国は人口島の領有権を主張しましたが、国際法に違反するとして、フィリピンから訴えられました。アメリカが艦船を派遣していますが、月に一、二回ぐらいではほとんど効果はありません。基地造成は止められません。外交の姿勢とは異なり、軍事面では今後も拡大していくでしょう。

習近平さんは自分の権力を固めるために、国家の軍や警察を味方に付けようとしています。

軍は毎年10％の増強をしており、どうしてもそれに依存せざるを得ないという感じがします。

中国は、外交の概念を〝新型の大国関係〟と定義しています。大国関係というのは、アメリカやロシアのことです。要はアメリカのような大国と協調したいということで、他の第三世界に対しては、ほとんど意味がありません。発展途上国で大国関係と言っても、怒られるだけですよね。こうした地域では、〝新型の国際関係〟という言い方をしています。

新型の意味については、アメリカの支配する国際関係は不平等だから、より対等な形にせよと言いたいのです。この二つはどのように議論されているかというと、大国関係よりも新型の方が優先されています。最終的には、アメリカとの摩擦を避けながら不平等な体制をどうにか変えたいという考えが強いようです。この矛盾した主張に、アメリカは慎重な態度を取っています。

もう時間がないので詳しくはお話しできませんが、いろいろと手を伸ばし過ぎたせいで、中国も財政的に苦しくなってきたなというのが私の直感です。中国は、経済成長のためにＡＩＩＢ（アジアインフラ投資銀行）を提案しました。シルクロード基金という、独自に創設したファンドもあります。それ以外にも新興5カ国でＢＲＩＣＳ銀行を設立したり、インドに２００億ドル、パキスタンに４６０億ドルを投資したり、最近の訪米ではボーイングを３００機買ったり、とにかく海外に行けば行くほどお金を使っています。恐らく総体的な国家の収支はコントロールされておらず、官僚組織がばらばらにアイデアを主張し、習近平はそれを必ずしも統御できていない感じがします。

内政の関数としての対日関係

國分：最後に日中関係について、少し触れたいと思います。今年は戦後70周年でもあり、特に抗日という部分に力点が置かれていました。２０１５年の９月３日、抗日記念日に軍事パレードがありました。パレードはこれまで、50回目や60回目など、節目の年の国慶節（10月1日）に行われていました。今年は９月に行われたため、10月には開催されませんでした。

　この抗日記念日は、14年に突然決まりました。１９４５年に日本政府が降伏した９月３日を「抗日戦争勝利記念日」、37年に日本軍が南京を占領した12月13日を「国家哀悼日」とすることを、全国人民代表大会（全人代。日本でいう国会）で採択しました。

　習近平が不在だったこの日、中心になったのは常任委員長の張徳江《ちょうとくこう》という人です。ほとんど知られていないと思いますが、江沢民さんの右腕だった人で、現在は中国のナンバースリーです。歴史問題に力を入れているため、抗日意識が強いと言えます。

こうしたところでも、権力闘争が激化しているのがうかがえます。内部の熾烈な争いが、いまだに繰り返されているのです。江沢民系の張徳江らは、記念日を定めることで歴史を強調し、共産党の指導を正統化して既得権益を守りたいのでしょう。

しかし正確に言えば、抗日戦争のころは、共産党よりも国民党が中心でした。戦勝国という言葉がありますが、1945年時に中華人民共和国は存在しません。実際には中華民国です。ロシアはソ連で、大韓民国は1948年に独立国家となりました。歴史というのは、しばしば現在の事情によって作られていくものだということを忘れてはなりません。

抗日記念日が定められた年の8月、特別行政区である香港の選挙実施方法について、全人代で草案が可決されました。北京政府の支持がなければ、選挙に立候補はできないという内容です。これに対し、普通選挙なのに候補者を制限するのはおかしいと、学生たちが反対運動を起こしました。この案を可決したのも、習近平ではなく張徳江でした。細かい話ですが、この辺りを丁寧に読み解くことが、中国の現状を分析する上で大事になってきます。

一方、習近平サイドはというと、外交的には安倍政権に近付いています。現在は、日米同盟が強化されている状況です。習近平は、70年談話や平和安全法制については、ほとんど批判していません。恐らく、安倍政権が長期になるのを見込んで付き合っていこうと決めているのでしょう。中国にとって、日本の経済はずうっと一貫して大事です。抗日問題を切り札として、日本の弱みにつけ込む手段もあるのですが、習近平はバランサーですから過度な偏りを避けています。これには、中国内での権力闘争も背景にあると思います。習近平体制が固まるにつれ、日本とは近付いていきます。中国の二面性が、徐々に浮き彫りになってくるかもしれません。

習近平の親しい友人で劉亜洲《りゅうあしゅう》という人がいます。国防大学のトップで、私どものカウンターパートです。この人が最近、論文を出しました。対日政策の最大の誤りは、尖閣問題を戦略的中心にしたことであるという内容です。これは画期的な見解でした。この是非については議論がなされ、中国の公式筋によってフォローされました。

ただし私が申し上げたいのは、政治外交的にはそうであっても、海空による中国の圧力が広がっていて、安全保障や防衛面での存在が、どんどん大きくなっているということです。外交と安全保障が裏腹になっている習近平体制には、まだクエスチョンマークが付いていると、念を押しておきたいと思います。

五百旗頭：ありがとうございました。

きょうは風邪気味だから、あまりしゃべれないかと思ったのですが、しゃべり始めたらかくの通り、大変力強い議論をいただきました。

ヴォーゲル先生そして國分先生から、中国について示唆に富む話をいただきました。そこで、中国については素人である久保先生と私の方から質問や問題提起をします。それに対して両先生にお答えいただくという形で、進めたいと思います。では久保先生、お願いします。

中国へのいくつかの疑問

久保：なるべく手短に、部外者から中国を見ていて日ごろ感じること、あるいは最近の出来事について感じたことを二つ三つ、質問してみたいと思います。

まずは、今まさに國分先生がおっしゃった中国権力の正統性の問題です。民主的な正統性はなく、人々の生活を豊かにする経済成長が、ある意味で正統性の源泉であるということですが、中国の経済成長はかつて、10%未満では危ないと言われていたような気がします。

ところが最近は7%まで下がっていて、今後は6・5という数字も出てきたようですが、実際は何%まで下がると本当に危ないのか。もう危ないのか、それとも3%ぐらいでも大丈夫なのか。その辺はどう解釈したらいいのか、素朴な質問ですがぜひ伺ってみたいと思います。

二つ目は、南シナ海でアメリカがラッセンというイージス艦を、中国が領海だと主張している12海里に突っ込ませるという事件がありました。メンツをつぶされた面もあると思うのですが、やはりちょっと入ってきてすぐ出ていくだけでは、大したことないという認識でしょうか。外交当局者と現場の軍では、受け止め方に違いがあるかもしれません。中国は本当のところ、どう受け止めているのでしょうか。

この領土問題の落としどころですが、中国はこのままずっと我慢比べをするしかないと思っているのか、それとも何らかの形で打開策を考えているのでしょうか。私は中国側としては、あまり妥協できないのではないかと予想しています。もちろんアメリカも妥協できないので、この膠着状態が長く続いてしまうような気がしております。もう少し解釈をいただければ幸いです。

三つ目は歴史の問題です。中国の人々の近年の行動様式を見ますと、日本に来てハイテクのトイレットから炊飯器から紙おしめから、いろいろ買ってくれますよね。中国で売ってい

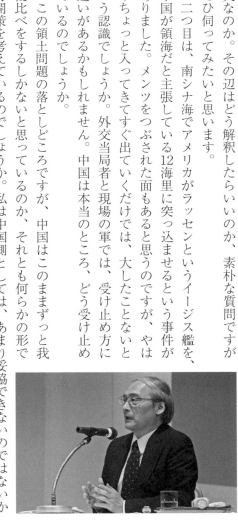

るようなものも買っています。それは自国の製品が信用できないことの象徴だと思うのですが、中国の人たちは指導者も金融機関も信用できないということでしょうか。もしそうだとしたら、非常に不幸な国だと言えます。

実は中国の指導者が国民に提供する中国の歴史、あるいは日中の歴史も信じていなかったりするのでしょうか。その場合、抗日の説明だけは信じるのですか。多くの人がうすうす、これはおかしいなとか誇張だなと思って聞いているのか、それとも内心から信じるようになってしまっているのか。

他方で、中国の最近の歴史では文化大革命で多くの人が死んでいて、中国の指導者が加害者となるわけですよね。その指導者がまだ生き残っているケースもあります。指導者に対する信頼感といった点で、中国の多くの人はどう感じているのか。なかなか答えが出る問題ではないかもしれませんが、素人としてぜひ伺ってみたいと思った点でした。以上です。

五百旗頭：ありがとうございます。大変広範にして深い質問を出してもらいましたので、それだけでもいいかなと思いますが、私の方からもちょっと付け加えます。

一つは久保さんがおっしゃった点ともつながるのですが、中国は南シナ海、東シナ海で、ずいぶんと支配を広げようとしています。

ヴォーゲル先生の話では、２００７~２００８年ごろの中国は、アヘン戦争以来の屈辱を跳ね返し、もう間もなく日本も抜ける、やっとわれわれが胸を張れる時代だと高揚感に包まれていました。一時的な民族感情の高まりとも思えましたが、１９９２年に南シナ海の九段線、あるいは尖閣もすべて中国の領土だと、領海法で定めました。

なぜ人のものを自分のものだなどと、品の悪いことを言うのかと思っていましたが、どうやら抵抗力のない地域から奪っていく。フィリピンが92年にスービック湾からアメリカの基地を追い出せば、中国が95年にフィリピンからミスチーフ環礁を奪うというふうに、中国の拡張が進んでいます。

そう考えると、中国の支配欲は一時的なものなのか、もっと根深い由来があるのか。例えば毛沢東は「失った中国の領土をすべて取り戻す」という発言をしたことがあります。これはとんでもない発言です。中国は前漢の武帝の時代から唐が滅びるまで、１０００年もの間ベトナムを支配していたのです。

つまりベトナムを丸ごと取り戻さなければいけませんし、朝鮮半島も前漢の時代から４００年間統治していました。これはめちゃくちゃなお話になってしまいます。さすがにこの発言は長続きしませんでしたが、中国では偉い皇帝や立派な王朝は領土を広げるものだという、素朴な信念のようなものがあるのでしょうか。毛沢東はそれを宣言し、鄧小平のように聡明な人は棚上げをして、本当の力を付けるまでは軽挙妄動せずに謙虚に振る舞うという韜光養晦《とうこうようかい》の教えを示しました。しかしそろそろ卒業だと、２００９年ごろから中国の海洋進出は積極化して、10年には尖閣で海上保安庁の船に体当たりし、南シナ海でも活動を広げています。

　そういう根深い中国史の衝動と見るべきなのか。一時的な高まりの中でやったと見るべきなのか。この辺りをヴォーゲル先生に教えていただきたい、というのが一つです。

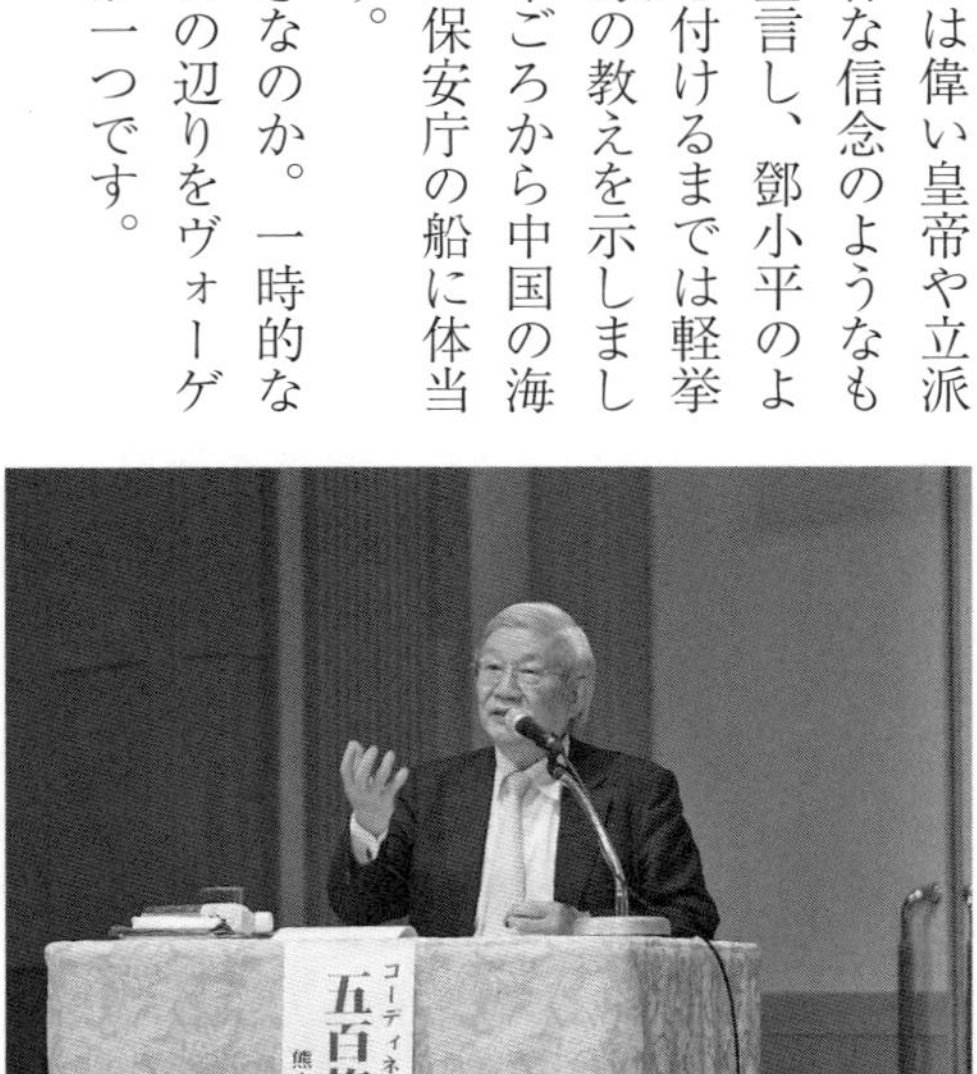

　二つ目はやはり久保先生のおっしゃった「自国が信頼出来ない」という問題です。中国の一党制は持続できるのか。

　昔は、例えば『中華帝国の解体』という本が、日本の本屋で派手に並んでいたりしました。中国が嫌いな人が、願望を込めて、呪いを込めて「中華帝国滅びろ」と言っていたに過ぎないと思います。

ところが最近はれっきとした中国専門家が、中国の現在の体制は続かないのではと提起される向きがだいぶ出てきているので、この辺りについてもやはり、世界で最も聞くべきお二方にコメントをいただきたいです。以上です。

中国経済の実情

國分：では簡単にお答えいたします。

経済成長は10%成長の時代から徐々に落ちだして、8%がボトムラインだと中国は言っていました。保つという字に8と書いて「保8《パオバア》」と言っていましたが、いつの間にかそれが7に変わり、今や6%台に落ちています。

この間武漢に行ったのですが、今は建設ラッシュです。住宅をものすごい勢いで建設しているのです。あ、これで7%なのだと。つまり、やめることにしたはずの建設をやり続けて7%だということは、本来はもっと下でなくてはいけません。

実は、文化大革命の最中も、中国の経済成長は6~7%あったようです。ソ連との核戦争に備えて、工場施設を移動させて山の後ろに隠そうとしていたからです。その工場も、今では使いものにならないのですが。

つまり、中国はどこかで景気を生み出すことで、成長を維持しているのです。何%という数字は、好況と不況を全体でならして出てくるものですが、本当はこの数字に出ない部分の、一人一人の生活水準が問題なのです。

例えば中国のスターバックスでは、コーヒーが日本より高いです。物価が本当に上がっています。しかし恐らく賃金は、日本の平均水準の4分の1か5分の1でしょう。それなのに、実際の生活費が今は日本より高くなっています。品質の問題もあります。だから日本に来て、「爆買い」するわけです。そういう問題が起こっているということを、やはり考えなければいけません。

歴史問題と権力の正統性

國分：二つ目には歴史問題でありますが、来年が文化大革命の起こりから50年、その終結からは40年です。しかし、中国でそういった声はほとんどありません。もちろん誰も書きません。ふたを開けたくないのです。恨み骨髄の歴史がこの中に詰まっていて、怖いからです。

つまり、この建国以後の歴史を権力の正統性にできないのです。それで毛沢東時代の30年を飛び越えて、矛先が抗日戦争に行ってしまいます。

選挙がない共産党は、どうやって正統性を維持するのでしょうか。われわれは建国後、ここまでやりました、最近の30年はまあうまくやったでしょうとは言えるかもしれません。結局のところ、今の国民生活を豊かにできないから、歴史に傾いてしまうのです。本来の権力の正統性は、国民の現在の生活にあることは言うまでもありません。

この話は中国人なら誰でも知っているのですが、江沢民さんのもともとの父親は、日本軍の協力者だったと言われています。そういう経緯があると共産党に入れないので、彼は自分の父親を叔父さんに代えたのです。これをネット上に書いて逮捕された人物が、今年釈放されました。恐らく背後には複雑な権力の絡みがあると思いますが、そういう内部事情も日中関係に影響を及ぼしている可能性があると、申し上げておきます。

南シナ海については、ヴォーゲル先生の方にお答えをお願いしたいと思います。

南シナ海の問題

五百旗頭：ヴォーゲル先生、お願いします。

ヴォーゲル：尖閣列島、南シナ海についてはいろいろな論文がありますが、私の目から見ますと、そもそも各国間の合意や国際法が確立していないのが問題です。ですから誰の地域かとは非常に言いにくい。この国際法の基盤となっているのはＵＮＣＬＯＳです。

久保：国連海洋法条約（United Nations Convention on the Law of the Sea）ですね。

ヴォーゲル：各国は積極的に自国の歴史を説明し、領域の主張をしています。しかし国際法が十分に確立されていないため、実際に問題への適用はあいまいです。実はアメリカは、この条約に加盟していません。もし中国がどこかに攻撃を仕掛けたら、われわれは同盟国を支援しますという姿勢です。どうしたらもう少し前向きにこの問題を解決できるか、大事なことですが、残念ながら私には解決策が見当たりません。

鄧小平や周恩来のように、棚上げするしかないのではないでしょうか。鄧小平は「この問題は10年棚上げしても構わない。われわれの世代では知恵が足りないから、次の世代に任せたい」としました。10年はとっくに過ぎ、あれから40年近く経っていますが、このような状態です。

国際海洋法裁判所、国際司法裁判所、仲裁裁判所など、海洋に関する国・地域間紛争の解決を委ねる機関はあります。しかし中国は、南シナ海でフィリピンが求めた仲裁手続きへの参加を拒否しており、「裁判での審理は、中国に対して何の拘束力も持たない」と退けました。日本も尖閣については裁判に持ち込まない方針です。まだまだ難航しそうです。

あと2点ほど、コメントしてもいいですか。

五百旗頭：どうぞ。

ヴォーゲル：先ほどの國分先生のご説明には大賛成ですが、あと少し追加したいと思います。一つは経済成長の問題です。徐々に鈍化してきた中国は今、困っています。習近平は、新しい5年計画で6・5％を設定していますが、果たしてどこまでいけるでしょう。われわれ外国人は、ちょっと無理かなと思っています。

それから、中国の経済成長はどうやって、長きにわたり伸ばしていったのか。日本の場合は、輸出が大きかったですよね。人口がそれほど大きくなかったので、賃金の水準も早めに上がりました。そのため輸出競争率の面で厳しくなってきました。現在は経済成長率も低迷しています。

中国の場合は、人口がとても多いでしょう。全世界においても、中国の人口シェアがものすごく大きい。中国では40年近い高度成長に伴い、地方の安い賃金では働きたくないという人が増えています。しかし人口2位のインドをはじめ、さらに賃金単価が安い国も出てきています。このような外部の境遇変化もあり、中国の輸出増加率も、あまり期待はできないと思います。

他方で、これから期待できるのは消費面です。中国国内では、西部や内陸部での生活が少しずつ改善され始めています。都市部に加えて、地方でも消費が増えてきました。それが引き続き成長をもたらす可能性があるとはいえ、この6・5%を維持するのは、容易ではないでしょう。

國分先生が触れたＡＩＩＢ（アジア投資銀行）も、私は経済面に影響を与えていると思います。この設立の目的はもちろん、中国や全世界の経済を何とか拡大したいということです。中国は今、自国の鉄鋼業や建設業のマーケットを、海外で増やそうとしています。例えば海外での建設関係の仕事を中国に回してほしいとか、融通を利かせてほしいと加盟国に根回ししたりしています。アジア投資銀行には、そういうもくろみも含まれているのです。

中国統治体制のゆくえ

ヴォーゲル：もう一つは国民の政治に対する信頼性ですが、これも複雑です。私は國分さんの見方に賛成です。やはり選挙がないと、政府を信用するのは非常に難しいと思います。鄧小平は文化大革命ののち、改革開放政策を推進して経済成長の基盤を築きました。

習近平の今後の動きが注目されます。これまでは、多少なりとも腐敗問題に対処し、経済もなんとか進歩を続けています。中国国民はその点で彼を買っていますが、支持がいつまで続くのかは分かりません。

それから、中国の統治体制には多くの難点が潜んでいます。社会主義国家の中国では、地方政府は中央政府に従う国家機関となっています。地方の指導者は、何かやれば国からにらまれる、腐敗で引っかかった幹部に巻き込まれたくない、とひやひやしているのです。

その結果、下手に動かない方がいいということになります。地方の指導者は、あまり積極的に問題に取り組もうとしません。この消極的な雰囲気は国全体に影響を及ぼし、成長の妨げとなります。アメリカや日本の企業もそうだと思いますが、地方の動きが鈍く、問題を解決しづらい状態になってしまうと困りますね。

五百旗頭：ありがとうございます。ヴォーゲル先生は、共産党の民主化とか、あるいは一党制が崩壊するという可能性をお考えにはならないですか。
共産党は長い経済発展を遂げましたし、国民は食べていけるようになり、世界で存在感を高め、大きな成果を上げました。だからこれからも、存続できるのでしょうか。しかしやはり今の時代、民主化というのは不可避ではないでしょうか。

ヴォーゲル：私の友人である中国の有識者は、台湾を視野に入れています。

中国共産党に敗北した蔣介石は、国民党の拠点を台湾に置きました。蔣介石は台湾の父と呼ばれていましたが、二・二八事件で虐殺行為を行ったり、戒厳令を敷くなど、独裁的な面もありました。彼の死後、中産階級を中心とした民主化運動が進展します。１９８８年に李登輝が総統の座に就いたことで、蔣一族による一党独裁の時代は終わりました。そして、民主化は急速に進んでいきます。友人は、台湾でできたことが中国でもできないはずはない、と話していました。

習近平は、恐らくあと5年は権力闘争が足枷となり、身動きが取れません。ただ、彼の父である習仲勲は革命派で、いろいろな新しい政策を打ち出しました。

私も、習近平の二期目ではもう少し積極的に、民主主義の道へ踏み出してくれるのではと期待していました。しかし民主化が実現すると信じている中国人は少なく、アメリカでも大半は、難しいと見ています。

五百旗頭：どうもありがとう。アメリカ政治の話を久保先生に、日本外交の話を私が、30分ずつでと考えていましたが、時間が少なくなりました。久保先生からアメリカ政治とアジア政策について15分ほどでお話しいただき、またディスカッションに入りたいと思います。よろしくお願いします。

アメリカの中国観・対中政策

久保：アメリカのアジア政策の中に日本も含めると、非常に複雑になってしまいます。今は中国の話で焦点が定まっていますので、アメリカの中国観、対中政策という面で話をまとめてみたいと思います。

日本では米中結託論とかG２論とか、アメリカと中国は何だかんだ言って、世界を二つの国で仕切るつもりだという見方が根強いです。アメリカも中国もそういう話ばかりしているという記事が、安っぽくない週刊誌でも展開されていますが、根拠がかなり薄弱だと思います。

ヴォーゲル先生のお話にあったように、２００８年の金融危機の後、中国がかなり自信をつけたのは確かだと思います。しかし中国内では、アメリカと結託するという声はさほど強くありません。

アメリカ内では、中国については二つの見方があります。

一つは、経済成長とともに中国も世界を知り、国際的な規範も吸収して、行動様式が改善されるだろう。よりよい中国になってほしいという、期待を込めた見方です。

もう一つは、中国に期待するのは間違っているという見方です。体が大きくなっても、行動様式までは変わらないでしょうと、冷ややかに見る立場です。

前者は例えば、ロバート・ゼーリックという以前の米通商代表が期待論を展開した関与政策です。後者ではジェームズ・マンという人が、『危険な幻想』という著書で、警告を発しています。

この二つでは、今はやはり、中国を否定的に見る方が強くなっているのではないかなと思います。

オバマ政権の対中政策はというと、ヒラリー・クリントンさんが国務長官だった第1期には、わりときついことも言っていました。それがケリー国務長官になると、少し和らいだような気がします。

一つの特徴としては、米中関係の大局において、アメリカにはやや受け身な姿勢が見られます。例えば、中核的国家的利益（コア・ナショナル・インタレスト）という形で、中国の方がボールを投げ、これをお互いに尊重するような関係にしようと、イニシアチブを執るのです。

オバマ政権は、「よく分からないけれど、まあいいか」とボールを受け止めた後、しばらくしてから「しまった、これには罠がある」と気が付き、それを撤回したがるという感じでした。先ほど出てきた新しい大国間関係というのも、やはり中国の方がボールを投げてきて、アメリカがそれを受け止めたように見える時期もありましたが、だんだんこれはまずいかなということで、少し消極的になっています。

どの場合もアメリカが概念を規定したのではなくて、中国の方から投げられたボールを取りあえず受け止めて、結局捨てるというパターンのような気がします。

例えばアメリカの政権では、ジョージ・W・ブッシュ政権の後期に、先ほど名前を出したゼーリック通商代表が「中国がこうであれば、アメリカはこういうふうに中国を支えます」と、〝レスポンシブル・ステークホルダー〟を定義しました。難しい概念ではありますが、責任ある利害関係ということです。この概念では、米中関係の将来像まで提示していなかったため、やはりアメリカは受け身であったと感じます。

オバマ政権の初期に国家安全保障会議に入っていたジェフリー・ベーダーの意見からも、アメリカは米中関係をいい状態にしておきたいと考えていたことが分かります。

基本的に良好関係にしておけば、多少こじれても最悪の事態にはならなくて済むという議論が、アメリカ側では展開されていました。オバマ政権では、首脳会談で中国を丁重にもてなし、ひとまずうまく乗り切るという目的が、かなり優先されていたような気がします。

それから、これはオバマ政権の外交に通じて言えることですが、自国の力の優位を楽観する姿勢があると思います。

アメリカ内でも批判はあるのですが、最近ではイランの核開発問題で、妥協を中心とした合意をしました。オバマ政権は、イランがたとえ裏切っても、アメリカはいくらでも対応できるので、それほど焦らなくてもいいと考えています。

この余裕は、長期的には正しいかもしれません。ただ他方では、今頑張らないと、今やらないと、後からもっと大変になるという場合には、少し対応が遅れてしまうのかなという気がします。

南シナ海の問題では、いろいろな意味でアメリカが圧倒的に優位ですが、対応が少し遅れ気味だったと思います。やはりオバマ大統領の外交の姿勢と、深く関係しているのではないでしょうか。

南シナ海をめぐる米国の立場

久保：そこで、残りの時間は南シナ海の問題に集中して私の話を終えたいと思います。2015年10月、中国が埋め立てをした〝スービ〟と〝ミスチーフ〟という両環礁の12海里の中に、アメリカが駆逐艦ラッセンを送り込んで、3時間ほど巡視活動を続けた事件がありました。

これによって、今までと違う米中関係になったのではないでしょうか。軍事的な緊張関係が恒常化し、いつ軍事的な接触が起きても不思議ではない状態になったという点では、かなり変化してしまったと言えるでしょう。

アメリカがなぜこの問題にこだわったのかというと、一つには南シナ海が経済的に重要だからです。

世界の商船隊の貨物の半分は、この地域を通過するといわれます。もちろん中国がこの地域全体を〝通せんぼ〟するなどと考えてはいないでしょうが、南シナ海のほぼ全域が中国の領海だと解釈されたら非常に困るのです。

もう一つは、原則の問題です。航行の自由（フリーダム・オブ・ナビゲーション）を断固として守らなければというこだわりが、アメリカにはあると思います。

外交には、国際問題で不満があっても、力ずくで一方的に変えてはいけないという原則があります。日本も北方領土や尖閣、竹島で不満はありますが、一方的な行動で現状を変えようとはしていません。粘り強く交渉をする、あるいは呼び掛けるというやり方が原則だからです。しかし中国の場合は、尖閣でも南シナ海でも、一方的な行動で現状を変えてしまいました。

不満があれば交渉によって平和的に解決する、一方的な行動で現状を変えないというのは、第2次世界大戦後の国際秩序の根幹です。

この原則に中国が反しているというのは、アメリカの外交政策の中では非常に大きいと思います。

放っておきますと、アメリカは「これは大事、大事」と言って行動できないまま、アメリカ自身の信頼性（クレジビリティー）が失われてしまうという可能性もあるかと思います。

他には、軍事的な要素もあるのではないかと思います。今年のアメリカの国防総省の、中国の軍事力に対する報告書の中では、中国が潜水艦に核兵器弾頭のミサイルを搭載するという危険性に触れています。

南シナ海は、水深が深いのです。深いということは、潜水艦が隠れるのに都合よく、ミサイル（ＳＬＢＭ）を搭載して発射すると、ちょうどハワイまで届きます。もう少し太平洋まで出て発射すれば、アメリカ本土にも届いてしまいます。

もちろんそのような事態がすぐに起きる可能性は低いですが、将来もしも神経戦になった場合、中国にはこういう選択肢もあるということです。アメリカはいろいろなことを考慮しなければならず、状況が複雑になってきます。そういう意味で、南シナ海には軍事的な含意もあり、アメリカとしては見過ごすわけにいかないのです。

先ほどご質問したように、これは中国としてもそう簡単に妥協するわけにはいかない問題だと思います。アメリカも航行の自由という原則を振りかざした以上、面子が掛かっていますので、続けるほかないなという感じです。

五百旗頭先生の方でお話があるかもしれませんが、例えば日本の海上自衛隊の船も一緒に来ませんかとか、オーストラリアの海軍も参加しませんかとか、協力を求められるかもしれません。中国が主張しているミスチーフあるいはスービ環礁の領海に、国際的な広がりをもって反発していくというのが、アメリカのシナリオの一つとしてあるような気もします。

南シナ海はとても遠い地域のように見えますが、日本の通商上においても重要です。中国が一方的な行動を起こしているという点では、南シナ海も東シナ海も同様で、あまり他人事とは言えません。日本自身の問題でもあるということです。

さらに今の世界情勢では、例えばクリミアとかウクライナの東部でも、ロシアによる一方的な介入があります。つまり国連の常任理事国である五つのうち二つの国が、力ずくの現状変更を行っています。

グローバルな見方をすれば、やはり戦後の世界秩序そのものの大きな危機なのかもしれません。

他方で、日本の方はアジアへの配分調整（リバランス）が十分かどうかということばかり気にする傾向にありますが、やはりグローバルな視点を持つことも必要ではないかと私は思います。

あまりいろいろな問題に触れることはできませんでしたが、南シナ海の問題にスポットを当て、アメリカを中心に話をさせていただきました。どうもありがとうございます。

五百旗頭：短い時間の間に重要な問題を密度高くお話しいただいて、ありがとうございました。國分先生と私から質疑・問題提起をし、ヴォーゲル先生と久保先生にアメリカについてお答えいただきたいと思います。

アメリカのアジア政策への疑問

國分：時間がありませんので、3点申し上げたいと思います。

一つ目は、久保先生がお話しされたグローバルなテーマです。もはやすべてをアメリカに期待すること自体が限界かもしれませんが、中国問題は今、ワシントンではどれぐらいの優先順位なのでしょうか。IS問題や、ロシア問題がありますよね。これにはもちろん、クリミアなどもかかわってきます。

大統領選挙や国内の問題に関心があるのは当然ですが、南シナ海や北朝鮮問題というのは、アメリカでどのぐらいの位置付けになっているのかが気になります。

二つ目は、アメリカは南シナ海で強硬措置に出ていますが、その効果はまだよく分かりません。アメリカと中国は、責任ある利害関係者（ステークホルダー）だという話がありました。以前は中国を国際社会の中に引き込んでくるというエンゲージメントを第一に考えられてきましたが、最近はアメリカの中でそういう声がほとんど聞こえなくなっています。

ヴォーゲル先生はその論者だったと思うのですが、そろそろ中国は国際社会に仲間入りするつもりなのですか。入ったら入ったで、今度は自分の理屈で原則を変えてしまうのでは、という疑念はないのでしょうか。

例えばＷＴＯは、中国を引き入れました。そのせいで、ＷＴＯ自体が少し変化しています。そうなってしまったら困るので、ＴＰＰなどは取りあえずわれわれだけでやりましょうと、アメリカは考えているような気がするのですが。

つまり、アメリカの中で中国を国際社会の中に引き込むという大前提は変わっていないにしても、それによって中国自身は変わるのか。逆に、われわれが変わってしまうのではないか、変えられてしまうのではないかと。そういう不安が、アメリカでも強くなってきたなという感じがします。

日本はその不安が強いのです。特にＧＤＰで日本に勝った２０１０年から、中国は日本を軽視するようになりました。だから日本が中国を変えようとか、国際社会においでと言ってみても、中国は見ていません。われわれは、プライドを傷付けられているわけです。

そういうことからも、日米が協力するのは当然ですが、本当に協力できるかどうかは疑問です。南シナ海の問題でも、中国に対して強く出るのと出ないのと、東南アジアは割れています。このような状態では、中国はなかなか止められないだろうなと思います。

最後に、アメリカは日本に何を期待するのか。これだけ突出している中国をできるだけ抑え、あるいは引き込むような形で頑張ってほしいのでしょうか。先ほど言及されましたが、安保法制ができた側面も含めて、どの程度期待をしているのかということです。

また、日本がどういう役割を果たすことによって、この地域のより安定的な構図づくりに貢献できるのか。この辺りを教えてください。

五百旗頭：ありがとうございました。特に三番目の点を、お二方にぜひ答えていただきたいと思います。

私の方からは、今の質問とは重複しないようにします。一つは、中国が台頭する中で、アメリカはもう落ち目だという見方がかなり一般的です。この場では、アメリカ中心の時代が遠からず終わると考えているのでしょうか。

例えば、鳩山由紀夫政権がアメリカと距離をおいて東アジア共同体の構想をした時には、そういう認識が前提になっていたのです。そのような認識に対して、実際のところアメリカはどうなのでしょうか。

アメリカ経済、政治外交能力などを含めた総合的なところは、かなり凋落《ちょうらく》しているのか。いやいやまだまだアメリカはNo・1のリーダーだという見方なのか。それが一つ目の質問です。

もう一つ、オバマ大統領の政権は、アメリカ史上で最ものんき気なというかソフトな政権だと思います。ベトナム戦争で傷付いた後のカーター政権もそうでしたが、世界の動乱に対して、少し甘過ぎるのではないでしょうか。

ロシアとか中国という、世界の猛者をこなす訓練を受けていないようです。一般的な平和論というところで終わってしまうと考えられていたのですが、ここに来てオバマ政権は、イランの核問題にもそれなりに対応しました。それからキューバとの国交について勇気を持って取り組み、ＴＰＰをまとめ上げました。これは大きいと思うのです。

また南シナ海に、猛者に対しては対応不可能と思われていたオバマ政権が艦艇を送り込んだりしたというので、レームダック化すべきこの時期になって「あ、意外にやるな」という面も出てきたのではないでしょうか。

要するに、オバマ政権をどう見ていらっしゃいますか。また、オバマ政権以後は強硬な方に振り子を振るのかどうか、その辺りについてもコメントを頂ければと思います。

それでは、ヴォーゲル先生の方からお願いできますか。

二重の対中政策

ヴォーゲル：質問と話題が多過ぎるけれど。僕は二つの点についてお話しします。

まず、國分さんの目の付けどころは非常にいいポイントだと思います。

世界にはたくさんの問題があります。ＩＳ問題もありますし、ロシア問題もある中で、アメリカにとって南シナ海を含むアジアは、どれほど大事かということですよね。

非常に言いにくいのですが、われわれから見た南シナ海問題は、中国が将来何を目指すのかということに付随した問題に過ぎません。

もし南シナ海で中国を攻撃すれば、米中の将来はどうなるでしょう。中国と全面対決してしまえばどうなるのか。アメリカはそこのところを慎重に考えています。

久保先生も言われていましたが、最近の米海軍は、航行の自由（フリーダム・オブ・ナビゲーション）を掲げています。航行の自由を守るために、駆逐艦を南シナ海に送り込みました。これは重要なことです。五百旗頭さんが最後に言われたこととも関係していますが、最近の中国はあまり自制的ではなく、あらゆる地域に積極的に進出しようとしています。アメリカはもう少し、強い姿勢を見せる必要があるのです。そうでないと、中国はいつまでも増長し続ける危険があるかもしれません。

将来を見越して、アメリカは二つの対中政策を練っています。まず、アメリカは衝突が起こらないように、少し妥協するつもりです。こちらが妥協したからには、相手にも汲み取ってもらわないといけません。それが相互的な良好関係というものです。しかし恐らく中国は、さらに調子づくでしょう。アメリカは穏健に、衝突が起こらないように協力する必要があるのですが、中国の態度が一線を超えたときは、「われわれは強いんだぞ」と示す必要があると思っています。

二つ目は、いろいろな局面で、中国を国際社会に引き込む可能性があるかどうかです。

最近は、中国も少し進歩していると思う面があります。例えば地球環境問題とイラン問題、国際経済のルールなどについても、それなりに前向きに取り組んでいます。

中国が提案したアジア投資銀行について、アメリカは消極的な判断をして対応を誤りました。有識者たちもこれは過小評価していました。

國分さんもおっしゃったように、アメリカでは反中ムードが強いです。中国が主導したこの銀行に、アメリカは加盟しませんでした。しかし今では、ほとんどの政治家や有識者が「もう少し積極的な態度を取るべきだった」と感じています。世界経済を強力にしたければ、アジア投資銀行は一つのチャンスです。オバマ大統領は最近、これに関しては積極的な態度に転じました。アメリカもいろいろと混迷しているのですが、やはりそうでなければなりません。

アメリカが日本に望こと

ヴォーゲル：アメリカは日本に対して何を期待しているかですが、まずはやはり、中国とあまりけんかをしないでほしいということです。

けんかをすれば、アメリカは日本の同盟国なので守らないわけにはいきません。したがって、紛争にならないように気を付けてほしいのです。安倍さんは、靖国神社に参拝するのは慎んだ方がいいと思います。

経済面では、アメリカは全世界を支えるほどの余裕があるわけではありません。つまりアメリカと中国、ヨーロッパや日本が、国際経済秩序のために協力する必要があるのです。安倍政権には、日本の経済力をもう少し高めてほしいです。日本がもっと大きな役割を担うことを、アメリカは期待しています。海外に軍備輸出してもいいですし、集団的自衛権によって安全保障が拡大されれば、アメリカは歓迎するのではないでしょうか。その二つが大きいと思います。

それから、日米は友達です。アメリカと日本の関係は、とても良好と言えます。日本の学生はアメリカに来ると、のびのびと楽しんでいます。だから私は、日米関係は問題ないなと思っています。

しかし中国に行った日本人は、なんとなく警戒しているように見えます。私は中国の友達も多いですが、中国で講演などをするときは、やはり緊張してしまいます。中国人がアメリカの政治家をどういうふうに見ているか、考慮しながら話さなければなりません。うっかりしたことは言えないなと思います。ただ、日本ではそういうことを考えなくてもいいのです。

久保：緊張されてないですね（笑）。

ヴォーゲル：日本では何を話しても、あまり心配することはないと思っています。

オバマ時代のアメリカ

ヴォーゲル：それから五百旗頭さんのご質問ですが、今までわれわれは、アメリカが中心的な国だと考えていました。アメリカ人は、自分たちが世界の中心でないと認めたくないのです。その点でアメリカ人は、まだ高慢だと言えます。

私の学者的な目から見れば、アメリカ人は自信過剰なのです。自分たちがもはやすべての中心ではないと認めるべきです。軍も「われわれは強い」「中国よりも強いぞ」と思っていますし、議会議員もそういう意識が強いです。

これからは断然、中国が力を増大していくということを認めるべきです。今まで東アジアが安定していたのは、アメリカの力によるものです。しかし10年後は、アメリカの力だけでは無理になってきます。だからどうにかして、中国とバランスを取る必要があるのです。

そのような新しい発想を、どうやって主流にしていくか。非常に難しいテーマです。アメリカの政治家は、なかなか現実を認めないでしょう。「われわれは強いぞ」と言わなければ、選挙に負けてしまいますから。

やはりわれわれのような有識者が、事実を伝えるべきだと思います。近い将来、そういう時代が来ますよと。前もって準備しておかないと、中国に足元をすくわれてしまいます。そうならないためにも、バランス関係の築き方などを前向きに考えておいた方がいいのです。衝突が起こらないように、新しい時代を落ち着いて見据えることが重要です。

それから最後に、オバマさんについてです。私も五百旗頭さんがおっしゃったことは正しいと思います。あまりにソフトで、強さはありません。オバマさんは大学時代に法律を勉強していて、こんな問題にはこういう原則が適用されるとか、確かに弁は立ちます。しかし、政治にはあまり向いていません。

一同：（笑）

ヴォーゲル：オバマさんは、ケネディスクールの卒業生ではありませんよね。国の大統領をやるなら、もう少し政治を勉強しないといけません。少しぐらい汚いことがあっても、しょうがないのです。それが政治なのです。これは田中角栄元首相が、よく言われていたことです。あまりきれいにやることを追求してしまうと、大局を見失う危険があります。その点、クリントンは大丈夫です。

会場：（笑）

ヴォーゲル：オバマさんはクリーンで、あまり悪いことはしたくないようです。原則を重んじるのはいいのですが、それだけでは政治が動かない場合もあります。

もう一つ困ったことに、最近のアメリカ議会は動きません。全く駄目です。第2次大戦以降のアメリカには、国のことを考える議員もいるにはいましたが、近年は自分の利益ばかり考える人が多いようです。大統領が次世代に引き継ぎたいことがあっても、彼らは役に立たないでしょう。

オバマ大統領は、議会と協力したがりません。議会なしでできないことも多いですが、取りあえず大統領の実力の及ぶ範囲内で、できることを一生懸命やっていけばいいのです。先ほどお話があったように、ここ1年はまあまあ成功しています。議会の顔色をうかがうのではなくて、「これをやるぞ」という強い気持ちで、最後の1年間を頑張ってほしいと思います。ありがとうございました。

五百旗頭：ありがとうございました。では久保さん、お願いします。

アメリカ外交　―その制約と可能性

久保：國分先生から、アメリカ内での中国問題の優先順位についてご質問がありましたね。イスラム国の問題や、イラクが脆弱《ぜいじゃく》になっているシリアの問題はセットになっています。このＩＳ問題とロシア、そして南シナ海の問題と、中国が深刻な課題のトップ3にランクインしたのではという感じがします。

もうちょっとおとなしくしていれば、中国はアメリカのレーダーから外れていたと思います。サイバーセキュリティー対策や人権問題など、アメリカには長期的な課題も多々ありますが、早急に手を打たなければならないと切迫性を抱かせたのが、この埋め立てではないでしょうか。

しかし中国は、説得や妥協、交渉ではなかなか反応してくれませんので、やはり力の論理が必要な場合もあると思います。中国が領海と主張している地域に駆逐艦を送るようなことは、まずアメリカにしかできません。そういった意味で、オバマ政権の評価は少し上がったと言えます。

それから、中国を引き入れたらわれわれが変わってしまうのではという論点について。確かにこれは、非常に大事なポイントです。今は、イギリスが中国にべったりになっています。中国が世界を変えていく、あるいは相手の行動様式や政策も変えさせる能力に長けているということを、よく認識しておかなければいけないと思います。

ＴＰＰに関しては賢明で、要するにアメリカと日本が中心になって、魅力的で質の高い通商秩序を作ろうとしています。東京の外ではＴＰＰ反対派が多いようですので、このテーマは危険かもしれませんけれども。

アメリカと日本が中心となり、質の高い貿易圏をつくろうとしていますが、中国に強制はしていません。ここに入りたいのなら身辺整理をして、すなわち政府と国有企業の癒着などを解消してから入ってくださいと、持ち掛けているところです。入るか入らないかは、中国の自由です。これは別に戦争をしようというわけでもありませんし、経済的な手段を使った、うまいインセンティブではないかと思います。

他方で、例えばＩＭＦの増資問題では、中国が資金分担のシェアを増やしたかったのに、アメリカの議会はなかなか認めようとしませんでした。そのような世界の態度にも、ひょっとすると問題があったのかもしれないという気がします。ただ、ＩＭＦの増資が認められたとしても、中国がいずれはＡＩＩＢをつくったと思われますので、その辺りは想像に過ぎないのですが。

それから、日本に対する期待面です。ヴォーゲル先生がおっしゃるように、不必要なけんかをしてほしくないという部分はあると思います。靖国のように、日中関係を非生産的な形で悪化させないでほしいという願望はあるでしょう。

ただ、今はアメリカも財政難で軍事予算に厳しい制約がかかっています。中国の台頭によって、アメリカの負担はますます大きくなっていきます。したがって、同盟国とはおのずと協力せざるを得ないでしょう。

そういう目で見た場合に、戦力に乏しい国は同盟を結んでもアメリカのお荷物になるだけですが、日本の場合はかなり潜在能力があります。アジアの中でアメリカが信頼をおけて、期待できる部分は大きいと思います。

安保法制が通ったことも非常にプラスだと思いますし、例えば南シナ海で日本の海上自衛隊も哨戒《しょうかい》活動を手伝ってほしいと頼まれるかもしれません。ＭＤＡ（マリタイム・ドメイン・アウェアネス）という、海上で何が起きているかを把握する能力や、宇宙の分野でも日本は高い能力を持っています。いろいろな形で協力してほしいという要望は、20～30件はすぐに出てくるのではないでしょうか。

アメリカは衰退するか

久保：それから五百旗頭先生からご指摘があったアメリカの衰退論ですが、ハーバード大学のジョセフ・ナイ先生著『アメリカの世紀は終わらない』が論点を上手く整理していると思います。日本ではアメリカがちょっと調子が悪いと「落ち目だ」といって見下し、ちょっと調子がいいと「一人勝ちだ、けしからん」といって怒るような傾向があります。つまり、アメリカがよくても悪くても日本人は腹を立てるという傾向があるのです。

アメリカの強さの一つは、人口です。日本の人口は減っていますよね。ヨーロッパの国もほとんど減っているのですが、先進諸国の中でアメリカだけは、人口が着実に増えています。OECD諸国の中で今後も人口が増え、経済成長がそこそこ高い水準を保てる国は、アメリカだけということです。移民が増えていることも、一つの要因です。すでにアメリカは、シェールガスやシェールオイルといった安価な新しいエネルギー源を手にしており、近々石油を輸出することもできるでしょう。

これまでは完全に輸入に頼っていたエネルギー源を、安く手に入れることに成功したのです。アメリカ人の、新しい分野で創意工夫をしながら何度もチャレンジするという国民性も、やはり過小評価してはいけない気がします。

台頭ペースが大きい中国では、2008年の金融危機の後、一時的にアメリカ衰退を結論づけたようですが、それは間違いであったのではないかと思います。

オバマ政権についてですが、今のアメリカ人の悩みは「ブッシュ大統領のイラク戦争は間違いで、やり過ぎだった。だけどオバマさんは、ちょっとおとなし過ぎるんじゃないか」ということですね。

確かにキューバとかイランとか、ＴＰＰもそうですが、いい成果も残しています。他方で、イスラム国やクリミア、ウクライナの問題では、何か問題があると第一声で「アメリカが地上軍を派遣することはない」などと言ってしまいます。そうすると相手は「そうですか。それは結構」と、安心するだけですよね。世界が直面する問題に、アメリカが取り組む姿勢をもう少し前向きな形で示してほしいと、多くの国民は思っているのではないかなという気がします。以上です。

五百旗頭：ありがとうございました。大変充実した議論をやってまいりました。当初の計画では、ここから私が「米中のはざまの日本外交」という話をして、三人の先生方から総攻撃を受ける。その上で私が統括することを楽しみにしていたのですが、残り12～3分となってしまいました。きょうのこの素晴らしい会場（ホテル日航）で、こんなに多くの皆さんに来ていただいて、本当にうれしく存じます。県立大学として、これほど立派なシンポジウムは、めったにできるものではありません。皆さまのおかげと思っております。

ただ、本会場には後の予定もあり、延長することが許されないとのことです。だいたい私はそれを好むのですけれども。

一同：（笑）

五百旗頭：そういうことですので、私の発題とやり取りは割愛しまして、最近の日本外交の展開について話をしながら、それをまとめに代えさせていただくというふうにお許しいただきたいと思います。

アメリカという国、中国という国は、地球上の大変な超大国です。日本は、20世紀の一つ目の総力戦、第1次大戦では大過なくこなしましたが、二度目の大戦においては戦争に次ぐ戦争を自ら始め、中国とアメリカをはじめ、世界を敵に回す愚かな戦争に陥りました。日本のような島国が、両方の大陸国家、超大国と戦って勝てるわけはありません。

昭和20年、１９４５年に日本は滅びました。

再生バネを内蔵する日本史

五百旗頭：ただ、日本史において注目すべきことがあります。日本は何度も失敗しています。歴史上、破綻も少なくありません。６６３年の白村江の戦いでは、唐・新羅の連合軍にたった２日で完敗しましたし、ペリーの黒船によって国禁を破られ、大変な衝撃を受けました。

しかしそういう大打撃の後に、日本はいつも大変な再生バネを働かせているのです。

白村江の敗戦後は、唐文明がどれほど優れているかということを直視して、そこから学習しながら、半世紀後に唐風の都・平城京を大和につくりました。日本の文明水準を高めました。当時の世界の文明水準に、日本は８世紀には近づくことができたと思います。黒船に国禁を破られた後は、西洋文明という今までなかった産業革命以降の文明を学習して、近代化に成功しました。

しかし１９３０年代に、戦争への道にのめり込んで滅びました。その後はどうなのでしょうか。第２次大戦、日本は再び、再生バネを利かせたわけです。

明治国家は「富国強兵」でしたが、戦後日本は吉田茂の下で「強兵抜きの富国」を求めました。平和的な発展、経済を中心とする発展を、アメリカの技術文明と民主主義を学びながら、達成しました。

戦後においても、また再生バネが立派に働きました。

冷戦が終結する１９９０年ごろ、日本は世界ＧＤＰ全体の15％を占める世界第二の経済大国でした。アメリカは25％、日本が15％、それ以外は１桁というのが冷戦終結時の状況だったわけです。

ところがその後バブルが弾け、あえなく「失われた10年」、そして「失われた20年」に陥りました。小泉政権が元気を取り戻すかに見えましたが、郵政選挙などで遊んでしまい、本当の対処をしっかりやったとは言い難いと思います。

5年間の小泉政権の後は、ご承知のように自民党三つ、民主党三つと、1年刻みで六つの政権が続きました。

このような状態で日本の首相が国際会議に出ると、「はじめまして」と名刺交換をして、次の時にはまた別の首相が名刺を交換し、国際的に前向きな関係をつくることは難しいのです。昔は誰が首相であっても、外務省がやることをやっていれば、それで済んだ時代もありました。

ですが今は、首脳外交の時代です。国民に委託された政治家のトップがやらなければ、外交にインパクトがない時代なのです。1年刻みでは、持続的な首脳外交は不可能です。

戦後日本は「強兵抜きの富国」の路線でしたが、その強兵部分、つまり日本の安全保障はアメリカとの安保条約によって庇《ひさし》を出してもらい、経済に専心して成功したわけです。

ところが、先ほども出た民主党政権の鳩山首相が、安全保障への何の手当てもなくアメリカと距離をとって対等化しようとしました。対等化する土台はあるのかというと、何もありません。鳩山さんは「東アジア共同体」を語りましたが、アジアのどこかの国、例えば中国が日本の兄弟や友人のような存在であるわけではないですよね。不用意な対米関係の悪化は、最悪の対外関係をもたらしました。

中国が冷水を浴びせたのが尖閣問題であり、お隣の韓国の大統領が竹島に行く、ロシアのメドベージェフ首相も北方領土に上がる、という事態が起きました。前向きの良好な関係であれば、このような事態はあり得ないことです。対米関係すら維持できなくなった日本は甘く見られ、侮蔑をもって小突き回されたわけです。

冷戦終結後の日本は、経済的にも失われた20年に陥りました。私は本当に残念に思って『日本は衰退するのか』という本まで書いたのですが、衰退宿命論のような気分が日本人の間に広がっていました。

どうせ人口は減っていくのですから、経済は伸びようがない、落ち目は不可避でもうしょうがないんだという社会的気分です。

対処すべきことはいっぱいあるのです。まだ人口は1億2000万あり、できる人たちはいっぱいいるのです。それを活用しないで、活用することを忘れて、先取りして「衰退するんだな」というふうな気分が強かったです。

第2次安倍政権の登場

五百旗頭：それに対して、第2次安倍政権が久しぶりに1年刻みではない政権をつくり、何とかチャレンジを始め、デフレマインド、衰退宿命的気分を打ち消そうとしました。ただ、安倍政権には心配な点がありました。それは右バネが非常に強くて、国家主義イデオロギーの政治に走るのではないかという危惧です。

例えば、彼は第2次政権に就く前に、「戦後レジームの清算」を語っていました。戦後の平和的な発展をした日本を呪って、もっと筋の通った強い政治が欲しいという意味だったのでしょうか。戦後平和主義を敵視していました。それから、「東京裁判史観を払拭したい」というようなこともおっしゃって、戦争の時代を肯定的に再解釈する歴史修正主義の立場を示したりもしました。

そういうものをむき出しにすれば、必ずまた行き詰まってしまいます。国際的に成り立たないことは明らかです。

政権が1年経って安倍首相が靖国神社を参拝した時に、そのようなことが明らかになりました。中国・韓国が文句を言うのは織り込み済みでしょうが、アメリカまでが「靖国参拝に失望した」という安倍外交では、米欧ともやっていけなくなる危険がありました。

そのことを認識した安倍首相は、2年目からは一種の現実的国際主義と言いましょうか、国益のための政治外交を優先にするに至りました。

安倍外交については、二つの見方が可能です。第1次政権を1年で失った経験に学び、第2次政権の安倍首相は、何としても成功させるという強い志を持っていました。行き詰まりを感じれば修正し、学習して成長することができるようになりました。靖国参拝の国際的反発に遭って、プラグマティックな国益外交をやれるようになったというのが一つの解釈です。

もう一つは、サイクル論です。安倍氏にはもともと、右のイデオロギーがあります。しかし国民の圧倒的関心は経済回復にあるので、まずアベノミクスでデフレ脱却を図った。国民が好感を示し支持率に余裕ができると、靖国に行く。反発を受ければ国益のために動き、広い支持を得てから安保法制をやる。また反発を受けると国民的ニーズに応えて支持をつなぎ、次には憲法改正を目指す、といったサイクルのことです。

第2次安倍政権が賢明であったのは、経済再生というものを真正面に据えたことです。アベノミクスと称して、異次元の金融緩和を黒田さんが打ち出すと、まだ何もしていない時から株価が上昇し始め、明るさが出てきました。

そして積極財政主義を取りました。そのようなことをすると、日本はギリシャの対GDP比140%を超える220%の赤字にさらに上積みをして、国際的に破綻するのではないかという問題が生じます。当面は国民がたくさん貯金をしていて、その貯金が金融機関を通じて国債を買っているため、すぐには破綻しません。

しかし、このまま続ければ破綻することは明らかです。安倍さんが重視したのは成長です。経済が成長すればおのずと税収が増えます。増税をして、経済が持続する競争力、成長力を持てば、二つの効果で財政赤字解消に向かっていけます。景気浮揚のため、財政出動をどんどんして、女性を励まし地方創生にも向かっています。

対外的には、日米基軸をあらためてしっかりと通すこと。ＴＰＰは久保先生が強調された通り、非常に大きな意味を持ちます。そして日米ガイドラインも安保法制をリードする意味を持っておりました。

新安保法制の意味

五百旗頭：集団的自衛権の解釈が論議を呼んでいますが、行使を解除するのはほんの一部、日本の防衛にかかわる分野だけなのです。ヴォーゲル先生は基調講演の中で、イラク戦争もアフガン戦争もやるべきではなかったのではないかという指摘をされました。ベトナム戦争も間違いでした。アメリカが世界でやるすべての戦争に、日本がついていかなければならないという安保法制だ、と理解する人もおりますが、全くそうではありません。日本の存立にかかわる場合には、共に戦うこともありますというものです。

ただ、安保法制で大きく広がったのが、後方支援の可能性です。振り返れば、9・11テロは、アフガニスタンを拠点としたアルカイダがやり、それをかくまっているアフガニスタンのタリバン政権に対して、アメリカが中心に戦争を開始しました。「日本は参加するのですか」。いいえ、憲法の下でできません。「では何もしないのですか」。そうではありません。

小泉首相は日米同盟を最重視していました。しっかりと新しい法律、テロ特措法をつくって、自衛隊を参戦はさせないけれども、インド洋での後方支援、具体的には各国に給油などを行いました。これは関係諸国から、大変評価されました。

はじめはアメリカに貢いでいるのだろうという報道が日本ではありましたが、アメリカは自分で世界的軍事ネットワークを持っていますので、やがて日本からの給油は要らなくなりました。しかし、パキスタンが日本の支援をたくさん受けました。それからアフガン戦争でヨーロッパ諸国がインド洋に来た時も、もはや昔のように基地を持っていないわけです。そこで日本の海上自衛艦の給油を受けました。これが、非常に多とされました。

國分先生は今、素晴らしい防大校長であられます。私の防大校長としての一番よかった仕事は、國分先生に後継者をお願いしたことではないかと思っています。私の校長時代にヨーロッパを回りますと、ヨーロッパ諸国の通の方々が、日本の給油に対して高い評価、感謝をしていらっしゃいました。

日本の高山丸がアデン湾で海賊に襲われた時、ドイツのフリゲート艦が急行して助けてくれました。そのドイツは、日本の海上自衛艦から三度給油を受けていたのです。ドイツは義理堅い感謝の気持ちを、そこで示してくれた感があります。

こういう中型国家間の協力、助け合いというのも非常に大事だと思います。

それから、イラク特措法という特別立法によって陸上自衛隊をサマワに送り、住民にきれいな水を提供し、学校や病院を再建するという復興人道支援を行い、同時に航空自衛隊を送って輸送後方支援を行いました。

それらは特措法をつくることによってできましたが、今度の安保法制なら特措法をつくらなくても、国会が承認することで後方支援をできるようになったのです。これがかなりの変化と言えます。

例えば、南シナ海で米艦が航行しているうちに米中間で紛争が起こった、という場合に、日本はどうするのか。それはかなり深刻な問題になるだろうと思います。

恐らくその答えは、必要ならば後方支援ということだと思います。自衛隊が行って戦うわけではないけれども、アメリカ軍が世界の航行の自由のために行動を起こすなら、日本は支援するべきでしょう。これは日本のライフラインである航路ですから、日本の存立にもかかわります。本当は自分で守りたい気持ちがあったとしても、日本にその能力はないので、アメリカがやってくれるのなら、日本は後方支援するだろうということです。今度の安保法制では、そこまで許容しています。許容されたら必ずやるわけではありません。やるかどうかは政治外交判断です。

先ほど久保先生が言われましたが、国際的な場で問題があったときに、一方的な力によって現状を変えることは許されないのです。20世紀の二つの大戦を経て獲得した共同の行動規範を、打ち破るようなことはあってはなりません。そのことを中国に学習していただかねばなりません。

その警告をアメリカが先頭になってやってくれるのは、大変評価すべきありがたいことです。

「日米同盟プラス」の安倍外交

五百旗頭：そういう意味で、日米関係を大事にし、日米基軸をいっそうはっきりさせたのが安倍政権だったと思います。それと同時に、日中関係を正常化したことが重要です。

政権に就いたときは、特に靖国に行った後は日中首脳会談は不可能な状態でしたが、すでに2回、3回と習近平主席との会談を重ねています。國分さんが言われたように、中国側も日本との関係を悪化させたくないというのが、重要な要因です。それを捉えて、日中関係を正常化したことは高く評価されます。あとは韓国を残していますが。

安倍首相は、約3年の間に55カ国を訪問して、前向きな関係づくりに努めています。多くの国々と友好関係を築くことは、中国との関係についても、日本の安全保障にとっても、大事なことです。

私は常々、日本の21世紀の航海に必要なことは何かと言えば、「日米同盟プラス日中協商」だと申しています。

20世紀の日本はその両方の大国とけんかをして、自ら滅びました。21世紀はどうでしょうか。日米間では、積極的にいい同盟関係を維持すべきです。日中間ではけんかをせず、経済的利益を共に享受できる協商関係でありたいものです。この両輪が成り立てば、21世紀の日本は航海できます、というふうに私はかねて言ってまいりました。現在、日米基軸を強化し、日中関係を正常化したことは、私の主張にもだいたい沿っていると思います。

私はおとといまでヨーロッパ4カ国を訪問して、8つの講演をして帰ってきました。きのうは西宮の自宅で1泊して、きょうはこちらにいるわけで、家族からは「よくもつね、いい年して」と言われました。しかしこちらに来てヴォーゲル先生を拝見したら、85歳でありながら中国に1カ月滞在し、頑張って研究、資料調査をなさっているとのことです。飛行機の夜行便で熊本を往復なさり、また中国へ戻ってあと2週間勉強されるというのです。これに比べると、私など全く鼻たれ小僧で、頭が下がります。

安倍さんは55カ国を回って、どこでもわりと明るく前向きな話をしています。私はおとといまでポルトガルにいたのですが、１７５５年に起こったリスボン地震をご存じでしょうか、今年はその地震から２６０周年となります。それが11月1日で、大きなイベントがありました。

私の地元である神戸も、阪神淡路大震災から20周年です。ジョイントで何かしましょうという依頼が来たのは、実は安倍首相とポルトガルの首相との間で防災協力の合意が生まれた結果です。とにかくそういうふうに前向きの行動をなさいます。

2、3年前まで中国は、時には韓国も一緒になって、日本の悪口ばかりアメリカをはじめ世界に向かって言っていました。1年刻みで交代する首相をみんなよく知らないので、「そんなもんかね」と、特に反対もしなかったのですが、今は日本の悪口を言おうとすると、「え、どうして」というふうに、首を傾げて反応されてしまいます。

日本が多くの国といい関係を築けば、それを土台にして中国に自制を求めやすくなるのです。

フリーダム・オブ・ナビゲーションについては、一方的に力で支配を変えてはいけないという原則に基づき、国際的な協力関係の中で、もちろん日米基軸を中心にしながら進めていくことが非常に大事です。

1995年、フィリピンが領有権を主張していたミスチーフ環礁に、中国の漁民が上陸しました。暴風雨でも避けたのかと思い、フィリピンが巡視船で行ってみましたが、武装している。巡視船では手に負えない状態でした。そこで海軍の船舶を出すと、激高した中国が「戦争するか」と軍艦を送ってきたのです。それで手も足も出なくなり、ミスチーフはあっという間に中国に奪われ、既成事実となってしまいました。

自助努力・日米同盟・多くの国との友好

五百旗頭：2012年に続いてスカボロー環礁をフィリピンから奪い、また中国の公船がたびたび尖閣諸島に領海侵犯してきます。ミスチーフみたいにならないように、日本の海上保安庁が、必ず事前に場所取りに行っています。

島と中国の船との間には、海上保安庁の船が必ず入って押し出そうとします。その数も、中国が4隻来るなら日本は6隻出します。見えるものだけに夢中になっている間に、変なことをされてはいけないということで、余力を持って対応する努力をしているわけです。こうしたソフトな対応力は極めて重要です。

日本の潜水艦は非常に静かで、音が全く出ません。私は防大校長時代に経験したことがあるのですが、ぶつかるまで分からないぐらい、日本の潜水艦は静かなのです。

それから、ＳＳＭというクルーズミサイルを、日本は保有しています。ソ連が北海道に上陸作戦をしてくるときの沖合の母艦を沈めるために、開発したミサイルです。それは今、南西方面で重要な防衛手段となっています。

中国は冷戦終結後の40年間で、軍事力・国防費を40倍にしました。40％増ではないのです。40倍にしたのです。この10年だけでも3・6倍です。日本はそれにお付き合いできません。日本の防衛費は、横ばいか下がり気味なのです。日本は、北京や上海を火の海にする武力を持とうとは思いませんし、その能力もありません。

しかし、中国が変に手出しをしてきたら対応することはできます。拒否力はあります。その拒否力だけで十分なのです。それを怠らない自助努力をやりながら、日米同盟を深め、いい国際関係を築くことで中国に自制を促し収めていく、それが日本の基本戦略です。

ヨーロッパを旅行しているときに、ヨーロッパにいる日本人の中に「中国が南シナ海でひどい建設をいっぱいしているのだから、日本は尖閣諸島にヘリコプター基地や設備を造ってしまえばいい」と言う人がいました。私はそうではなくて、むしろ福田内閣の時に一度提案して中国も同意した、東シナ海の中間線沿いのガス田の共同開発。これをあらためてやろうと言うべきだと思います。

犬猿の仲のフランスとドイツが、何度も争いながら最終的に争いを止めたのは、ジャン・モネの知恵で、石炭と鉄鉱という戦争資源を共有した時からなのです。

われわれは東シナ海において、ガスなどのエネルギーを共同開発すれば、けんかより、協力するほかなくなります。東シナ海を平和の海にする。そういう関係を築く機会を、見逃さないようにしたいものです。

中国は今、経済だけでなく外交的にも苦境に立っています。アメリカをはじめ世界中から指差されています。先に國分さんが言ったように、ラッセンの航行の後、習主席はシンガポールで台湾総統と会って孤立をまぎらし、さらにベトナムへ行って、ベトナムとだけ個別に「おまえのところの利益は尊重するから、反中包囲網に加わるな」というような説得を試みています。

それならば日本とも話していただいて、前にも約束したことをやろうではないですか。日中関係が難しい中でも、やはり前向きの関係をつくっていきたいものです。きょう、ヴォーゲル先生が強調してくださったことを、やはり日本が先頭に立って前線でできればと思う次第です。

きょうはヴォーゲル先生、久保先生、國分先生の英知に満ちた素晴らしい議論を聞くことができました。このような意義深いシンポジウムが可能になったのは、三先生が熊本に来ることを快諾され、これからの世界への責任感をもって熱く語って下さったからです。

そもそもこうした企画が生まれたのは、蒲島県知事と古賀学長の絶大なよどみない支持ゆえであり、河村社長が先頭に立って熊本日日新聞が共催して下さったからです。そして御来場の皆さん、本当にたくさんの方々に来ていただき、最後まで熱心に参加してくださったことに、私どもは支えられたと思います。本当にありがとうございました。

基調講演・パネリスト

朴 喆熙（パク・チョルヒ）

［ソウル大学教授、
ソウル大学日本研究所長］

【経歴】

政治学博士（米コロンビア大学政治学）。日本国立政策研究大学院 助教授。米コロンビア大学東アジア研究所助教。日本郵政省郵政研究所海外特別研究官。日本世界平和研究所客員研究員。ソウル大学韓国政治研究所研究員。外交安保研究院教授。

著書および論文

「日朝関係改善が南北関係に及ぼす影響」季刊外交第64号、「日本国際政治学のパラダイムの変化」日本研究論総第14号　他

パネリスト

張 済国（チャン・ジェグク）

［韓国東西大学総長］

【経歴】

政治学博士（慶應義塾大学）。韓国東西大学総長に加え、現在韓国外交部政策諮問委員、日韓フォーラム運営委員、釜山・福岡フォーラム幹事、日韓次世代学術フォーラム代表および関西大学客員教授として活動中。伊藤忠商事㈱東京本社政治経済研究所特別研究員、モレックス㈱東北アジア地域本部統括監事として勤務し、東西大学校日本研究センター所長、同大学副総長、大統領所属社会統合委員会委員、釜山地域協議会議長（同左）を歴任。

受賞歴

第11回日韓文化交流基金賞、中国国家漢弁孔子アカデミー総本部先進個人賞

パネリスト

小此木 政夫（おこのぎ・まさお）

［慶應義塾大学名誉教授］

【経歴】

慶應義塾大学地域研究センター所長。現代韓国朝鮮学会会長。日韓歴史共同研究委員会委員。法学博士（慶應義塾大学）。慶應義塾評議員。九州大学、韓国東西大学特任教授。日韓文化交流会議日本側運営委員。日本比較政治学会理事。日本国際政治学会理事。公益財団法人日本国際フォーラム政策委員。

著書および受賞歴

瑞松韓日学術賞、『朝鮮戦争—米国の介入過程』中央公論社、『日本と北朝鮮・これからの５年—南北統一への視点とシナリオ』ＰＨＰ研究所　他

パネリスト

若宮 啓文（わかみや・よしぶみ）

［日本国際交流センターシニアフェロー、前朝日新聞社主筆］

【経歴】

朝日新聞社で政治部長、論説主幹、主筆を歴任。米ブルッキングス研究所客員研究員。東京大学客員教授。現在は国際交流センターシニアフェローで、慶應義塾大学、龍谷大学客員教授、韓国・東西大学碩座教授、ソウル大学日本研究所客員研究員を兼任。

著書および受賞歴

『ルポ現代の被差別部落』朝日新聞社、『忘れられない国会論戦』中央公論社、『韓国と日本国』朝日新聞社、『和解とナショナリズム』朝日新聞社、『闘う社説』講談社、『新聞記者—現代史を記録する』筑摩書房、『戦後70年 保守のアジア観』朝日新聞出版：石橋湛山賞 他

＊2016年４月、シンポジウム参加のため中国訪問中、北京で逝去されました。心よりお悔やみ申し上げます。

基調講演・パネリスト

エズラ・F・ヴォーゲル
(Ezra F. Vogel)

[米ハーバード大学名誉教授]

【経歴】
博士号（社会学）（ハーバード大学）。専門は東アジア研究。ハーバード大学教授として、同大の東アジア研究所長、東アジア研究評議会議長、日米関係プログラム所長、フェアバンク東アジア研究センター所長を歴任。米国国家情報会議東アジア担当国家情報官。

著書および受賞歴
『ジャパン・アズ・ナンバーワン―アメリカへの教訓』ＴＢＳブリタニカ、『ジャパン・アズ・ナンバーワン再考―日本の成功とアメリカのカムバック』阪急コミュニケーションズ、『アジア四小龍―いかにして今日を築いたか』中央公論社、『現代中国の父、鄧小平』日本経済新聞出版社：ライオネル・ゲルバー賞、全米出版社協会ＰＲＯＳＥ賞特別賞

パネリスト

國分 良成（こくぶん・りょうせい）

[防衛大学校長]

【経歴】
法学博士（慶應義塾大学）。専門は現代中国論、東アジア国際関係。慶應義塾大学法学部教授、同大の地域研究センター所長、東アジア研究所長、法学部長を経て、現在は防衛大学校校長。

著書および受賞歴
『中国政治と民主化―改革・開放政策の実証分析』サイマル出版会、『アジア時代の検証―中国の視点から』朝日新聞社：アジア太平洋賞特別賞、『中華人民共和国』筑摩書房、『現代中国の政治と官僚制』慶應義塾大学出版会：サントリー学芸賞

パネリスト

久保 文明（くぼ・ふみあき）

［東京大学教授］

【経歴】

法学博士（東京大学）。専門は現代アメリカ政治、現代アメリカ政治史。慶應義塾大学法学部教授などを経て、現在は東京大学大学院法学政治学研究科教授。

著書および受賞歴

『ニューディールとアメリカ民主政—農業政策をめぐる政治過程』東京大学出版会：政治研究櫻田會賞、『現代アメリカ政治と公共利益—環境保護をめぐる政治過程』東京大学出版会、『米国民主党—2008年政権奪回への課題』編著：日本国際問題研究所、『アメリカ外交の諸潮流—リベラルから保守まで』編著：日本国際問題研究所、『オバマ政権のアジア戦略』編著：ウェッジ

コーディネーター

五百旗頭 真（いおきべ・まこと）

［熊本県立大学理事長］

【経歴】

法学博士（京都大学）。広島大学助教授、米国ハーバード大学客員研究員、神戸大学大学院教授、日本政治学会理事長、英国ロンドン大学客員研究員、防衛大学校校長、東日本大震災復興構想会議議長。現在、公益財団法人ひょうご震災記念21世紀研究機構理事長を兼務。

著書および受賞歴

『米国の日本占領政策（上）（下）』中央公論社：サントリー学芸賞、『日米戦争と戦後日本』大阪書籍：吉田茂賞、『占領期—首相たちの新日本』読売新聞社：吉野作造賞、『戦後日本外交史』編著：有斐閣、『日米関係史』編著：有斐閣、『歴史としての現代日本』千倉書房：毎日新聞社書評賞、『日本は衰退するのか』千倉書房、『大災害の時代』毎日新聞出版。

激動のアジア太平洋を生きる
―日韓・日米中関係の新展開―

2017年3月1日　第1刷発行

編者　五百旗頭《いおきべ》 真《まこと》
企画　熊本県立大学
発行　熊本日日新聞社
制作・発売　熊日サービス開発株式会社　出版部（熊日出版）
〒860-0823　熊本市中央区世安町172
TEL　096（361）3274
装丁　内田 直家（ウチダデザインオフィス）
印刷　中央印刷紙工株式会社

© 熊本県立大学2017 Printed in Japan
ISBN 978-4-87755-539-9 C0230

本書のコピー、スキャン、デジタル化などの無断複製は著作権法上での例外を除き禁じられています。本書を代行業者などの第三者に依頼してスキャンやデジタル化することは、たとえ個人や家庭内での利用であっても著作権法上認められておりません。